KB273700

아는 만큼
깊어지는
기도

어떻게 시작해야 할지 기도가 어려운 그리스도인을 위한
아는 만큼 깊어지는 기도

초판 1쇄 발행 2016년 1월 30일
초판 2쇄 발행 2016년 3월 21일

지은이 이상화
펴낸이 한정미
디자인 디자인 su:

펴낸곳 카리스
출판등록 2010년 10월 29일 제406-2010-000097호
주소 경기도 파주시 책향기로 319, 103-102
전화 031-8070-9754
팩스 0502-020-9754
전자우편 karisbook@naver.com
총판 비전북 (031-907-3927)

값 12,000원   ISBN 979-11-86694-01-5 (13230)

카리스

'기도'하면 항상 떠오르는 분이 있습니다.

칠십 평생 40여 년을 예배당 마룻바닥에서 간절히 기도하시다가 하나님의 부르심을 받았던 어머니입니다. 무엇이 그렇게 서러우셨는지 어머니는 예배당 마룻바닥에 엎드리기만 하면 우셨습니다. 지금 생각해 보면 그 분의 삶의 궤적을 볼 때 9남매 하나하나의 삶과 장래를 생각해서 우셨고, 섬기는 교회를 위해서 우셨고, 교회 안에서 만나는 영혼들 가운데 힘들고 어려운 믿음의 가족들을 위해서 우셨습니다. 그리고 반드시 빠지지 않았던 것은 교회를 섬기는 목회자들과 알고 있는 교회 지도자들을 위해 날마다 울며 기도하셨습니다.

그러나 사실 냉정하게 회고해 보면 어머니의 눈물의 기도가 있었음에도 불구하고 9남매의 막내였던 철없는 아이의 눈에는 현실적으로 어머니의 기도가 응답되는 것이 거의 없는 것 같아 보였습니다. 집안 형편이 크게 나아진 것도 없었고, 교회의 상황이 크게 바뀌는 것 같지도 않았고, 또 기도하는 이들의 모습에도 별반 변화를 느끼지 못했습니다. 그래서 그 때 마음속으로 '하나님은 기도를 하라고 강조하시지만 기도 응답은 잘 하시지 않는 참 야박한 분'이라는 생각을 문득문득 했습니다.

이후에 진로를 놓고 고민하는 고등학교 1학년이 된 아들을 앉혀 놓고 비로소 어머니는 "내가 너를 위해서 이렇게 기도했다"고 밝혔습니다. 그것은 마흔 넷에 낳은 막내아들을 향한 기도의 내용이었습니다. 내용인 즉 '하나님, 이 아이 건강하게 해주십시오. 그리고 건강하면 하나님의 종 되게 해주십시오'라고 기도했다는 것입니다. 그러면서 이렇게 쐐기를 박았습니다.

"사명자가 사명자의 역할을 못하면 하나님 데려 가신다. 너 맞고 갈래? 그냥 갈래?"

이미 세상을 떠나신 지 20여 년이 넘어가지만 지금도 그 때 그 말씀을 하셨던 어머니의 음성과 표정이 결코 잊히지 않습니다. 늘 자애했던 그 표정과 달리 감히 '아니라'고 거역할 수 없는 격이 다른 영적 권위를 가진 변화된 음성과 표정은 평생을 잊지 못할 것입니다.

이 경험을 하면서 기도에 대한 코페르니쿠스적인 전환이 있었습니다. 기도는 하나님을 변화시키기보다는 궁극적으로 기도하는 기도자를 성숙하게 만들고 변화시킨다는 진리를 그 때 깨달았습니다. 그래서 아직도 깊은 기도를 드리기에는 한없이 부족하지만 항상 기도의 자리에 나아갈 때마다 이 경험을 떠올리며 '하나님! 오늘 이 기도 시간을 통해서 저의 무엇을 변화시키려고 하십니까?'라고 묻는 것이 습관이 되었습니다.

사실 이 책의 원고를 쓰기 시작한 이유는 "쉬지 말고 기도하라"(데살로니가전서 5장 17절)는 성경의 요청과 관련해서 앞선 시대를 살아간 믿음의 선배들이 하는 기록들과, 동시대를 살아가는 믿음의 동역자들의 이야기들, 그리고 섬기는 드림의교회에서 함께 기도하는 믿음의 가족들이 하는 고백들 속에서 공통적으로 발견되는 요소가 있었기 때문입니다. 바로 '하나님을 향한 기도는 언제나 쉽고도 어렵다'는 역설적인 표현이었습니다.

결국 이 상황을 종합해 보니, 고요한 예배당이나 홀로 고요하게 무릎 꿇을 수 있는 작은 기도실을 가지지 못하고 살아가는 영혼들이 '삶의 자리'라는 구체적 상황 속에서 어떻게 기도해야 할지 잘 모르겠다는 '난감함의 호소'라는 사실을 발견했습니다. 그래서 목회의 현장에서 성도들을 위해 일상이 기도가 되고, 구체적 상황을 하나님의 제단 위에 올려놓는 기도 길잡이가 필요하겠다는 소박한 생각으로 집필을 시작하였습니다. 이렇게 저렇게 삶의 현장에서 부대끼는 믿음의 가족들의 아픔과 눈물을 생각하며 한 편 한 편 기도문과 기도해야 할 이유를 적어 본 것이 만 5년여를 거치면서 한 권의 책이 되었습니다.

기도는 들이쉼과 내쉼이 있는 영혼의 호흡이라는 것을 늘 기억하길 바랍니다. 그렇기에 늘 기도의 호흡을 중단하면 죽는다는 절박감을 가지고 일상을 살아가는 이들에게 구체적인 삶의 자리를 생각하며 기록한 글들이 조금이라도 도움이 되었으면 하는 바람이 간절합니다.

부족한 책이 나오기까지 모든 기도의 자리에서 자신의 자리를 지켜주신 드림의교회 모든 믿음의 가족들과 동역의 무릎을 꿇어준 사역자들께 감사할 수밖에 없습니다. 특히 교회를 위하여, 믿음의 다음 세대를 위하여, 또 한없이 부족한 목회자를 위하여 눈물로 공감터 새벽기도의 자리를 적셔주시는 분들의 기도는 늘 새 힘을 얻는 동력입니다. 뿐만 아니라 드림의교회가 섬기는 직장인선교회에서 주중에 만나는 귀한 믿음의 동역자들은 일터의 현장에서 기도해야 할 제목들을 늘 새롭게 깨닫도록 해주셔서 감사할 따름입니다.

또한 한결같이 흐트러지지 않는 중심을 가지고 기도하며 항상 동행해 주는 아내 승민과 앞으로 걸어가는 길에 이 기도가 필요할 아들 건희, 그리고 어느새 커서 예쁜 책이 되도록 각 상황의 의미를 살린 일러스트를 그려준 딸 가은이게도 고마움을 전합니다. 끝으로 책이 나오기까지 수고를 아끼지 않은 도서출판 카리스의 동역자 여러분께도 감사의 인사를 드립니다.

2016년을 시작하며

남산골에서 드림의교회 공감터지기 이상화

4부 일터에서의 기도

5부 내면세계를 위한 기도

1^부

견고한
나를 위한
기도

구원의 감격과 믿음의 감사가
약해졌을 때

오직 믿음으로

주님의 살아 계심을 받아들이는 것이

복되다고 하신 주님!

소란한 세상 속에서

주님을 향한 믿음과 영적인 문이 열릴 때

진정한 행복이 있음을 고백합니다.

일상 속에서 경험하는 모든 것들 속에서

주님을 발견할 수 있는 영적인 눈을 가지게 하시고,

어떤 결정을 하든지

진정성 있는 신앙의 기준으로 결정할 수 있는

믿음의 사람이 되게 하옵소서.

예수님의 이름으로 기도드립니다. 아멘.

그리스도를 믿는 사람은 죽음이 끝이 아니라 또 다른 차원의 세계가 있음을 믿는 사람입니다. 그 영원한 차원을 믿는다면 결코 이 땅의 것에만 목매고 살 수 없습니다. 즉 세상을 살아가는 가치 기준이 다를 수밖에 없는 겁니다. 하지만 현실에 너무 급급한 것이 솔직한 우리의 모습입니다. 그래서 이 땅의 기준에서 더 편하고, 더 많이 가지고, 더 높은 위치에 오르는 것에만 모든 에너지를 쏟아부어 버립니다.

'믿음'이란 단어가 언제부터인가 너무 오래 전부터 나의 귀를 맴돌고 있는 식상한 소리에 지나지 않는 것으로 여겨진다면 바로 그 때가 나 자신이 가진 믿음의 진정성을 의심해 봐야 할 순간입니다. 게다가 신앙생활의 기쁨도, 감격도, 감사도 사라진 지 오래라면 '믿음을 가진다는 것이 무엇이며, 신앙인으로 산다는 것이 어떤 의미를 가지고 있는지' 그 믿음의 진정성을 점검해 볼 필요가 있습니다.

그리고 무엇보다 내 삶을 통해 진정성 있는 신앙이 증명되고 있는지 점검해 봐야 합니다. 언젠가 주님 부르셔서 하나님 앞에 설 때 종교인이 아닌 신앙인으로 서기 위해 자아 점검은 반드시 필요합니다.

예수께서 이르시되 너는 나를 본 고로 믿느냐 보지 못하고 믿는 자들은 복되도다 하시니라   요한복음 20장 29절

나의 정체성을
깨닫고 싶을 때

만물의 주권자이신 하나님!

솔직히 일상 속에서 나 자신이 누구인지

온전하게 알지 못하는 우둔한 자임을 고백합니다.

그러나 나를 지으셨기에

누구보다 나를 잘 아시는 하나님 앞에 엎드립니다.

나 자신이 누구이며, 이 시대에 어떤 사명을 감당하면서

살아가야 할 존재인지에 대한 정체성을 깨달을 수 있도록

은혜를 허락하여 주옵소서.

그리고 나의 정체성을 깨달았을 때

다시는 경험하지 못할 단 한 번밖에 없는 인생의 시간을

의미 있게 사용할 수 있는 지혜를 허락하여 주옵소서.

예수님의 이름으로 기도드립니다. 아멘.

“당신은~ 누구십니까?”

아이들 부르는 동요의 제목 같기고 하고, 유명한 시인의 시구 같기도 한 이 문장을 누군가 우리에게 던지고 가만히 답을 기다린다면 어떤 대답을 할 수 있을까요? 아마도 대부분의 사람들은 직접적인 대답보다 계면쩍은 웃음으로 그 대답을 대신할 것 같습니다. 어쩌면 우리는 ‘자신이 누구인지에 대해 생각해 볼 여력조차 없는 분주함 속에 있는 사람’이라는 것이 솔직한 고백일 수 있겠습니다. 그리고 설사 그 질문에 매달린다고 한들, 명쾌한 대답을 얻으리라는 보장도 사실은 없습니다.

그러나 첫사랑의 향수처럼 이따금씩 불현듯 떠오르는 ‘나는 누구인가?’라는 인생의 본질에 대한 질문은 우리를 불면의 밤으로 초대합니다. “당신은 누구십니까?”라는 질문을 받았을 때 자신 있게 ‘나는 이런 사람’이라고 명함 한 장 건네듯 자신을 소개할 수 있으면 좋겠지만, 우리에게는 그럴 수 없는 한계가 분명히 있습니다. 이때 나의 나 된 것을 파악하고, 그것을 정돈할 수 있는 유일한 길은 나를 지으신 하나님 앞에 엎드려 묻는 것입니다. 우리를 만드신 이가 우리를 가장 잘 아시기 때문입니다. 내가 누구인지 알고 싶다면 하나님 앞으로 나아가십시오. “너는 내 사랑하는 아들이야. 딸이야”라고 말씀해 주시는 그 하나님 앞으로….

모세가 하나님께 아뢰되 내가 누구이기에 바로에게 가며 이스라엘 자
손을 애굽에서 인도하여 내리이까 하나님이 이르시되 내가 반드시 너
와 함께 있으리라 네가 그 백성을 애굽에서 인도하여 낸 후에 너희가
이 산에서 하나님을 섬기리니 이것이 내가 너를 보낸 증거니라

출애굽기 3장 11-12절

신앙이 늘
제자리를 맴돌 때

나를 자녀 삼아주신 하나님!

땅에 발을 붙이고 있기 때문에

여러 가지 모양으로 부족하지만

순간마다, 호흡마다 주님 닮기를 갈망합니다.

비록 더디겠지만 치우침 없이 좌절하지 않고

주님이 세워두신 경건의 목적지에 도달할 수 있도록

끊임없이 훈련받는 은혜를 허락하여 주옵소서.

예수님의 이름으로 기도합니다. 아멘.

　고양이가 쥐를 잡는 것은 고양이의 본능 때문일까요, 아니면 훈련 때문일까요? 많은 사람들은 고양이의 본능 때문이라고 알고 있지만 이는 잘못된 지식입니다. 전문가들은 어미의 훈련과 교육으로 인해 고양이가 쥐를 잡을 수 있는 능력을 가지게 된다고 말합니다. 마찬가지로 그리스도인들이 날마다 삶의 현장에서 일어나는 치열한 영적인 전투에서 승리하기 위해서는 영적인 훈련이 필수적입니다. 모든 그리스도인들은 그리스도의 장성한 분량에 이르기까지 자라기 위해 성숙을 향한 노력을 쉬지 않고 해야 하는 것이지요.

　"같은 자리에서 낚시질 삼 년이면 물길을 훤하게 본다"라는 말이 있습니다. 3년이 아니라 10년 이상을 하나님께 예배하면서도 그리스도인다운 변화와 성숙을 보여주지 못한다면 반드시 반성해야 합니다. 아무리 모태신앙이고, 교회에서 직분을 가졌더라도 그것이 성숙의 열매로 증명되어지지 않는다면 무익할 뿐입니다. 참된 그리스도인이라면 날마다 성숙을 갈망해야 하는 이유가 여기에 있습니다. 그렇다고 해서 나의 영적인 성숙이 더디다고 실망할 필요는 없습니다. 나무 한 그루가 자라는 데도 오랜 시간이 필요하니까요. 중요한 것은 얼마나 빠르게 자라느냐가 아니라 진정으로 바르게 자라는 것입니다.

경건에 이르도록 네 자신을 연단하라　　　　　　　　디모데전서 4장 7절

나를 지으시고 나의 모든 것을 아시는 하나님!
마음과 생명을 다해 주님 앞에 나아갈 때마다
거절하지 않고 친밀함을 회복시켜 주겠다고
약속하신 주님을 찬양합니다.
그러나 바쁘다는 핑계를 대며 하나님 앞에 나아가기보다
스스로의 얄팍한 경험과 지식으로 하루를 살아가려고 하는
저를 불쌍히 여겨 주옵소서.
주 예수님의 이름으로 구하면
무엇이든지 이루어주실 것이라는 말씀을 의지하여,
삶의 순간순간마다 다시 십자가의 능력에만 기대어
주님께 기도로 나아가기를 소원하오니 붙잡아주옵소서.
예수님의 이름으로 기도드립니다. 아멘.

우리는 하나님의 임재와 은혜를 경험하고 영성의 깊이를 더하기 위해서는 기도만큼 중요한 것이 없다는 인식을 갖고 있습니다. 하지만 사실 기도생활이 말처럼 그리 쉬운 것은 아닙니다. 이른 아침부터 밤늦도록 빡빡하고 허둥댈 수밖에 없는 바쁜 일상 속에서 기도하기 위한 골방과 기도 시간을 확보한다는 것이 엄두가 나지 않을 수도 있습니다. 그러나 하루 가운데 혼자 보내는 단 5분의 자투리 시간을 활용해서 기도로 채워 보는 기지를 발휘한다면 어떨까요? 예를 들어, 전철을 기다리는 3분은 어떨까요? 자가용으로 출퇴근하는 사람들에게는 차 안이 더없이 좋은 기도의 골방이 될 수 있습니다. 찬양을 틀어놓고 함께 따라 부르면서 곡조 있는 기도를 드린다든지, 눈은 뜨고 있지만 하나님께 간구하는 마음을 가지고 효율적으로 기도할 수 있을 것입니다.

심지어 화장실이 기도하는 공간이 될 수도 있습니다. 불경하게 화장실에서 무슨 기도냐고 말할 수 있겠지만, 하나님을 향한 기도는 결코 장소에 제한될 수 없습니다. 화장실에서까지 기도할 수 있다면 아무리 바빠도 영적인 호흡을 놓치지 않는 사람입니다. 기도하는 시간이나 공간은 당면한 상황에 따라 천차만별일 수 있습니다. 그럼에도 '날마다 일정한' 시간을 정해 놓고 기도하는 것은 하나님과의 영적인 관계를 끊지 않는 것입니다. "바쁠수록 돌아가라"는 속담이 있지요.
마찬가지입니다. 바쁠수록 기도해야 합니다.

> 너희가 내 이름으로 무엇을 구하든지 내가 행하리니 이는 아버지로 하
> 여금 아들로 말미암아 영광을 받으시게 하려 함이라
>
> 요한복음 14장 13절

미래에 대한
불안이 엄습할 때

세상 만물과 인생의 미래를 주관하시는 하나님!

한 치 앞도 볼 수 없는 무지한 존재가

바로 나 자신인 것을 고백합니다.

그래서 늘 다가올 미래 앞에

불안해하고 가슴 떨리는 것도 고백합니다.

그러나 오직 나의 가는 길을 아시는 분은 주님이시기에

내 삶을 신실하게 인도하실 주님께 나의 모든 것을 맡깁니다.

무엇보다 나의 계획대로 밀고 나가려고 하는

교만한 마음을 주님의 십자가 아래 내려놓습니다.

살아 있음으로 여전히 가야 할 길,

한 번도 가보지 않은 길이지만

주님을 신뢰함으로 날마다 승리하며 나아가게 하옵소서.

예수님의 이름으로 기도드립니다. 아멘.

인생은 언제나 선택의 연속입니다. "오늘의 선택이 내일을 결정짓는다"는 말을 귀에 못이 박히도록 들으면서 자랐지만, 정말 두려운 것은 내일 일을 정말로 모른다는 사실입니다. 미래에 대한 불안감 때문에 연금이나 보험에 드는 사람들이 날로 급증한다는 것은 이미 식상한 뉴스가 되었고, 경기가 어려울수록 점집이 호황입니다. 자신의 미래를 알아보기 위해 점집을 찾는 연령대가 점점 낮아지고, 기독교인들조차 점집을 찾기도 합니다. 어느 점집 입구에 붙어 있던 '기독교인 우대'라는 웃지 못할 글귀는 마음을 시리게 만듭니다. 그러나 아무리 용하다는 점집을 찾아다녀도 자신의 내면에 있는 근원적인 갈증이 해결되기 불가능하다는 사실은 이미 모두 알고 있을 것입니다.

그렇다면 그리스도인들은 자신의 미래를 어떻게 예측하고 준비하며 살아야 할까요? 장래에 대해 바른 결정을 내리고 바른 삶을 살기 위해 필요한 것이 있다면 그것은 바로 우리의 미래를 쥐고 계시는 하나님 앞으로 돌아오는 것입니다. 여기에서 요청되는 것이 바로 기도입니다.

어느 날 빌리 그래함 목사가 한 집회에서 만났던 사람에게 이런 질문을 받았습니다.

"목사님은 장차 올 미래에 대해 많은 설교를 하셨는데, 그렇다면 목사님 자신의 미래에 대해서도 잘 알고 계십니까?”

다소 대답하기 곤란할 수 있는 질문에 대한 목사님의 대답이 걸작이었습니다.

“나는 나의 미래를 전혀 모릅니다. 그러나 한 가지 아는 것이 있습니다. 바로 나의 미래를 누가 붙들고 계시는가 하는 것입니다.”

인생의 크고 작은 모든 일들이 주권자이신 하나님의 손에 붙들려 있다는 확신만 가진다면 더 이상 미래에 대한 불안감 때문에 점집을 찾는 일은 없을 것입니다.

사람이 마음으로 자기의 길을 계획할지라도 그의 걸음을 인도하시는 이는 여호와시니라

잠언 16장 9절

하나님의 인도하심을
구해야 할 때

나의 삶 속에 항상 함께하시겠다고
약속해 주신 임마누엘의 하나님!
삶 속에서 여러 가지 상황들을 만날 때마다
내 삶을 불꽃 같은 눈동자로 지키시며 인도하시는 하나님께
삶의 모든 무거운 짐들을 내려놓습니다.
나의 과거도 에벤에셀이 되셔서 인도해 주신 하나님께서
지금 눈앞에 놓인 모든 현실적 과제도
여호와 닛시이시기에 승리케 해주실 줄 믿습니다.
모든 사람들이 불투명한 미래 앞에 염려하며 서 있지만
여호와 이레의 하나님께서 나의 앞길을 지도해 주시고
주님의 손으로 붙들고 가실 줄 믿으며 감사를 드립니다.
예수님의 이름으로 기도합니다. 아멘.

'페이스메이커pacemaker', 마라톤 주자들이 무리없이 안전하게 달릴 수 있도록 함께 뛰면서 페이스 조절을 돕는 사람을 일컫는 말입니다. 흔히들 인생을 마라톤에 비유합니다. 그렇다면 인생 마라톤을 성공적으로 완주하기 위해서도 이런 페이스메이커가 필요하지 않을까요? 인생 마라톤을 달리는 코스가 평탄한 신작로나 탄탄대로라면 모르겠지만 잠시라도 한눈팔면 나동그라질 수밖에 없는 험로인 것은 주지의 사실입니다. 그렇기 때문에 인생 마라톤이라는 여정 가운데 나와 함께 뛰면서 속도를 조절해 주고 바른 코스를 확인시켜 줄 뿐 아니라 힘을 불어넣어 주는 인도자가 더욱 절실하게 필요한 것입니다.

참으로 다행스럽고도 감사한 것은 하나님이 나의 페이스메이커가 되어 주신다는 사실입니다. 그 옛날 이스라엘 백성들을 광야에서 낮에는 구름기둥으로, 밤에는 불기둥으로 지켜 주시고 약속의 땅 가나안까지 인도하셨던 그 하나님께서 오늘 나의 페이스메이커가 되어 주십니다. 이 사실을 일찍이 깨달은 신앙의 선배가 있습니다. 바로 감리교의 창시자인 존 웨슬리는 임종을 앞두고 감격에 넘치는 목소리로 이렇게 외쳤습니다.

"하나님이 나와 함께하시는 것이 세상에서 제일 좋은 일이다."

만물을 지으시고 운행하시는 하나님께서 '페이스메이커로 나와 함께하신다'는 사실만 진정성 있게 받아들인다면 인생에서 두려울 것이 없지 않을까요?

볼지어다 내가 세상 끝날까지 너희와 항상 함께 있으리라

마태복음 28장 20절

지식의 한계를
경험할 때

지혜의 근본이신 하나님!

날마다 계획에 계획을 더하여 치밀하게 준비하지만

항상 좋은 효과를 보지 못해서 안타까운 마음이

나의 내면에 사라지지 않는 어두운 그림자로 있습니다.

때로는 예상하지 못한 결과로 인해 혼란스럽기까지 합니다.

지식을 쌓고 쌓아도 그것이 무용지물인 상황을 맞이할 때면

답답함이 밀려오지만

이것이 나의 경험과 지식만 의지하지 말라는

주님의 경고인 것을 깨닫습니다.

지혜를 간구할 때 거절하지 않으시는 주님을 신뢰하며,

순간순간 판단의 분기점에 설 때마다

간구하오니 명철함과 분별력 있는 지혜를 허락해 주옵소서.

예수님의 이름으로 기도합니다. 아멘.

　더 이상 공부가 학생의 전유물이 아닌 시대입니다. 학교를 졸업하면 머리 아픈 공부와는 안녕일 줄 알았는데, 치열한 경쟁 속에서 살아남기 위해 자기계발에 매진하는 직장인들이 늘고 있습니다. 그래서 공부하는 직장인을 일컫는 샐러던트saladent라는 말이 유행입니다. 현대 경영학의 아버지로 불리는 피터 드러커는 급속도로 변화하는 현대사회에서 생존하기 위해서는 반드시 새로운 지식의 습득이 필요하다고 했습니다. 아흔을 넘긴 나이에도 "보다 강하고 능력이 있으며, 쉬지 않고 자기 혁신을 해야만 살아남는다"는 말을 하고 있으니 새로운 지식 습득의 중요성을 새삼 깨닫게 됩니다.

　그런데 그의 말에 도전이 되고 고개가 끄덕여지면서도 다른 한편으로는 가슴이 답답해집니다. 새로운 지식을 쌓는 것만이 최선의 길이라는 말에 왠지 전적으로 동감이 가질 않습니다. 그 이유는 아무리 지식이 풍부하더라도 그것을 바르게 사용할 줄 아는 지혜와 분별력이 부족해서 어이없이 무너지는 사람들을 주변에서 종종 보기 때문입니다. 사실 따지고 보면 다른 이들을 찾기 이전에 그런 경험을 수없이 하고 있는 게 바로 나의 현실입니다.

　아무리 지식을 많이 쌓아도 그것을 제대로 사용할 줄 아는 지혜가 없다면 말짱 도루묵입니다. 지식도 필요하지만, 그것을 어떻게 효율적으로 사용해야 하는지, 그리고 내가 속한 공동체에서 어떻게 이롭게 사용할 수 있는지 분별하는 지혜가 더 필요하다는 것을 인식하게 됩니다. 그래서 급변하는 세상에서 책임 있고 능력 있는 삶을 살기 위해 지식경영의 프로가 되는 것도 중요하지만 지혜로운 사람이 되는 것은 더욱 중요한 일입니다. 그래서 모든 지혜의 근본이신 하나님께 돌아가는 것이 나에게 먼저 필요한 단계라는 깨달음을 가집니다.

주는 이제 내게 지혜와 지식을 주사 이 백성 앞에서 출입하게 하옵소서 이렇게 많은 주의 백성을 누가 능히 재판하리이까 하니 하나님이 솔로몬에게 이르시되 이런 마음이 네게 있어서 부나 재물이나 영광이나 원수의 생명 멸하기를 구하지 아니하며 장수도 구하지 아니하고 오직 내가 네게 다스리게 한 내 백성을 재판하기 위하여 지혜와 지식을 구하였으니 그러므로 내가 네게 지혜와 지식을 주고 부와 재물과 영광도 주리니 네 전의 왕들도 이런 일이 없었거니와 네 후에도 이런 일이 없으리라 하시니라

역대하 1장 10-12절

새로운 일을
시작할 때

언제나 나와 동행하겠다고 약속하신 하나님!

성장과 성숙을 위해 피할 수 없는 새로운 도전과 시작 앞에서

설렘보다 두려움을 느끼는 나 자신을 발견합니다.

막상 시작은 했지만 두려움이 너무 커서

시작도 하기 전에 포기해 버리는 연약함이 내 안에 있습니다.

그러나 나와 함께 동행하시는 하나님을 신뢰하며

믿음으로 첫걸음을 내딛기를 원합니다.

과거의 실패한 경험이 더 이상 나를

실체 없는 두려움으로 속박하지 못하게 하시고,

나의 앞길을 책임져 주시는 주님과 함께

담대하게 전진하는 은혜를 허락하여 주옵소서.

예수님의 이름으로 기도합니다. 아멘.

　스트레스가 만병의 근원이라는 사실은 모두가 잘 알고 있습니다. 그런데 의사들은 스트레스를 일으키는 가장 큰 요인 중 하나가 바로 '변화'라고 합니다. 생활 속에서 일어나는 이별, 실직, 경제적 곤란 등의 괴로운 일도 스트레스가 되지만, 결혼, 승진, 이직, 취업과 같이 유쾌한 일 또한 스트레스를 유발하는 요인인 셈입니다. 특히 이직과 취업 같은 경우에는 변화에 대한 기대감만큼이나 두려움도 함께 작용해서 극심한 피로감이나 수면 장애, 소화 불량 등의 증상을 동반하는 이른바 '새 직장 증후군'을 불러오기도 합니다.

　이런 상황은 비단 직장인에게만 국한된 이야기가 아닙니다. 실제로 전혀 경험해 보지 못한 일을 새롭게 시도해야 하는 사람들에게는 언제나 찾아오는 징후들입니다. 새로운 시작은 언제나 설렘만큼이나 두려움과 조바심도 함께 공존하기 마련입니다. 그래서 때로는 출발선에서 앞을 향해 힘차게 내달리지 못하고 주저주저하는 것입니다. 심지어는 두려움을 극복하지 못한 나머지 첫 발을 떼지도 못하고 포기하는 경우도 있습니다. 그런데 하나님께서는 그런 우리를 향해서 "두려워하지 말라 내가 너와 함께 함이라"고 말씀하십니다. 새로운 시작 앞에서 두려워할 백 가지 이유가 있다 하더라도 함께하시겠다고 말씀하시는 하나님의 이 한 가지 약속이 있는 한 두려움은 언제나 극복될 수 있습니다. 인생의 새로운 도전 앞에 서 있습니까?
나와 함께하시는 하나님을 믿는다면 두려움은 담대함으로 바뀌게
될 것입니다.

두려워하지 말라 내가 너와 함께 함이라 놀라지 말라 나는 네 하나님이

됨이라 내가 너를 굳세게 하리라 참으로 너를 도와주리라 참으로 나의

의로운 오른손으로 너를 붙들리라

이사야 41장 10절

바쁜 상황으로 인해
정신줄을 놓고 살아갈 때

나를 누구보다 잘 아시는 주님!

누구보다 바쁘게 열심히 사는 것 같은데

삶의 의미를 찾을 수 없어

늘 공허함을 느끼는 저를 돌보아 주시기를 기도드립니다.

많은 것들을 하지만,

정작 중요한 일들을 놓치는 때가 한두 번이 아님을 고백합니다.

무엇을 우선순위에 놓아야 할지 혼란스럽고 고민입니다.

그러나 주님,

주님이 '먼저'라고 말씀하시는 것에

집중하고 민감하기를 원합니다.

세상의 우선순위와 손익 기준으로만 따지면서 분주하기보다

주님이 "먼저 하라"고 말씀하시는 것에 순종하여

더욱 정돈되고 본질에 우선하는 삶을 살 수 있도록

항상 인도하여 주옵소서.

예수님의 이름으로 기도합니다. 아멘.

기술 연구직에 종사하고 있는 한 형제로부터 "자신의 연구 분야에서는 오늘 생각한 것이 내일이면 다른 연구원에 의해서 현실화되어 나타난다"는 말을 들었습니다. 그러면서 덧붙인 말이 아직도 기억에 생생합니다.

"목사님, 가히 생각하는 속도만큼 빠른 것이 현실입니다."

그렇습니다. 때로는 감지하기 어려우리만큼 급속도로 변하는 세상 속에 내던져진 것 같다는 생각이 들기도 합니다. 거의 모든 사람들이 '급하게 쫓기는 삶과 분주한 생활'에서 자유롭지 못합니다.

그런데 사실 더 큰 문제는, 모두가 바쁘게 움직이고 분주하게 발걸음을 옮기고 있지만 과연 그것이 가치 있는 일인가에 대한 물음 앞에서는 확신하지 못한다는 것입니다. 바쁜 삶에 쫓기다 못해 밀려나 버려 더 이상 어디로 가야 할지 알 수 없는 미로 속에 갇혀 버린 듯한 자신을 발견할 때가 있습니다.

그렇다면 왜 이렇게 사는 것일까요? 아마도 대부분 우선순위가 헝클어졌기 때문에 이런 일이 발생하는 것이 분명합니다. 내가 하는 많은 일들이 사실 따지고 보면 나의 기준으로 볼 때에는 긴급하고 중대한 일이지만, 주님의 시각에서 보면 그렇지 않은 것들이 많습니다. 정작 의미 있는 삶을 살고자 하나 불필요한 일들이 왕왕 일어나는 것이 현실입니다. 문득 정신없이 바쁘게만 살아가는 자신을 발견했을 때 주님의 기준에서 볼 때 꼭 필요한 일들에 시간을 쏟고 있는지 나를 점검해 볼 필요가 있습니다. 단 한 번밖에 없는 우리 인생을 불필요하고 의미 없는 일들로 채우느라 정작 가치 있는 일들을 하지 못한다면 그보다 더 불행하고 어리석은 인생은 없을 것입니다.

그런즉 너희는 먼저 그의 나라와 그의 의를 구하라 그리하면 이 모든 것을 너희에게 더하시리라

마태복음 6장 33절

구체적인 비전을
찾으려고 할 때

이 세상 그 무엇보다 나를 특별하게 다루시는

만물의 주권자이신 하나님!

많은 사람들이 자신의 욕망을 이루기 위해

이기적으로 살아가는 세상 가운데서

다른 무엇보다 하나님께서 내게 주신 비전을 발견하고

그 비전을 품고 살아가기를 원합니다.

비전을 성취하는 과정에서 치러야 할 값비싼 대가들이 있겠지만

생명을 바쳐도 아깝지 않은 그 비전 때문에

날마다 가슴 두근거리는 새 아침을 맞이할 수 있는

열정 넘치는 삶을 살게 해주옵소서.

주님 주신 비전을 가지고 나은 삶을 드릴 때

내가 밟는 땅들마다 하나님의 영광이 나타날 줄 믿습니다.

예수님의 이름으로 기도합니다. 아멘.

"볼 수는 있지만 아무런 비전도 없다면 이는 시력을 잃는 것보다 더 불행한 일이다."

헬렌 켈러의 말입니다. 아침에 눈뜰 때마다 가슴을 뛰게 하고, 마음을 설레게 하는 비전을 가지고 있다면 그 사람은 이미 큰 복을 받은 사람입니다. 사람의 인생은 어떤 비전을 품었느냐에 따라 달라지기 때문입니다. 그리고 그 비전에 따라 삶의 방향과 방식이 좌우됩니다. 주변을 보면 확실한 비전을 붙든 사람은 절대로 삶을 허투루 허비하지 않는 것을 확인합니다. 비전을 갖는 것은 이처럼 중요합니다.

그렇다면 우리 그리스도인이 품어야 할 비전은 어떤 것일까요? 그것은 바로 하나님과 우리 자신, 그리고 우리가 처한 상황에 대한 정확한 이해를 바탕으로, 우리가 바라는 미래의 모습을 마음속에 그림처럼 선명하게 그려주신 하나님의 뜻에 따르는 것이라고 정의할 수 있습니다. 그리고 그 그림은 세상의 어느 누구의 그림과도 일치하지 않는다는 사실에 유념할 필요가 있습니다. 이 땅의 수많은 사람들이 나름의 비전을 가지고 있지만 쉽게 지치고 중간에 포기하는 경우가 많습니다. 그것은 자신을 향한 하나님의 뜻을 제대로 발견하지 못하고 무턱대고 달리거나, 다른 사람의 목표를 자기의 것으로 착각하고 있기 때문입니다.

사실 70억이 넘는 세계 인구 가운데 자신과 닮은 사람은 있을지 모르지만 똑같은 사람은 단 한 사람도 없습니다. 하나님께서 사람을 개별적으로 창조하시고, 각 사람을 개인적으로 다루신다는 것을 생각한다면 나를 향한 하나님의 계획 역시 독특할 수밖에 없습니다. 그러므로 이 세상에 나밖에 할 수 없는 일을 발견하고, 어떤 이유로도 거부할 수 없는 일이 있다면 그것이 나의 비전인 셈입니다.

도무지 이루지 못할 허황된 무지개를 좇거나, 자신의 이기적 욕구를 채우기 위해 물불을 가리지 않거나, 대세가 그러니 따라가는 식의 '비전 찾기'는 그릇된 야망이요, 헛된 망상에 지나지 않습니다. 내가 서 있는 현실의 자리에서 나만이 할 수 있는 비전을 발견하고, 그 비전을 구체화하기 위해 기쁨으로 대가를 지불하는 삶을 늘 살아가면 좋겠다는 바람을 다시 가져 봅니다.

푯대를 향하여 그리스도 예수 안에서 하나님이 위에서 부르신 부름의
상을 위하여 달려가노라

빌립보서 3장 14절

게으름을 쉽게 용납하는
나를 발견할 때

늘 예기치 않는 기쁨과 풍성한 은혜를 주시는 하나님,

하나님의 은혜를 핑계 삼아 게으름과 핑계로 일관할 때가 더 많은

나 자신의 모습을 솔직히 고백합니다.

노력하지 않고, 최선을 다하지 않음에도 불구하고

하나님은 언제나 나를 돌보신다는

왜곡된 믿음을 가진 어리석음을 용서하여 주소서.

일상 속에서 하나님이 요청하시는 것은

행함이 있는 믿음인 것을 다시금 깨닫게 하시고

언제나 부지런하여 하나님이 베푸시는 은혜를 증폭시키는

은혜와 복의 촉매제가 되는 삶이 되게 하옵소서.

지금 발을 붙이고 있는 현실의 삶 속에서

언제나 변함없이 최선을 다하는 청지기의 삶을 살게 하시고,

그 과정 속에서 주님이 꼭 필요한 곳에

나를 세우시는 은혜를 입게 하시며,

마침내 주님 앞에 섰을 때

'착하고 충성된 종'으로 주님께 인정받는 삶을 살게 하소서.

예수님의 이름으로 기도합니다. 아멘.

요즘은 잘 볼 수 없지만, 십수 년 전만 해도 대입 시험 결과가 발표되는 날에는 항상 최고 득점자의 인터뷰가 TV 뉴스에 등장했습니다. 그런데 재미있는 것은 해마다 얼굴은 바뀌어도 인터뷰 내용이 거의 똑같았던 것으로 기억됩니다.

"과외 같은 것은 안 했고요. 교과서 중심으로 예습과 복습을 열심히 했더니 좋은 결과가 나온 것 같아요."

그러나 가만히 곱씹어 보면 인터뷰어들이 말하는 '좋은 결과'의 이면에는 '지독한 노력'이 숨어 있음는 것을 알아차릴 수 있습니다. 개중에 '공부가 제일 쉬웠다'고 말하는 이들이 있을 수도 있겠지만 사실 인터뷰에서 하지 않은 말은 이런 말일 것입니다.

"밥 먹는 시간, 잠자는 시간 제외하면 공부만 했어요. 공부할 때는 다른 것에 한눈팔지 않고, 책을 보기 시작하면 몇 시간이고 책만 봤어요."

사람들은 종종 좋은 결과에는 그에 상응하는 과정, 즉 엄청난 노력이 필요하다는 사실을 망각합니다. 그래서 감나무 밑에 누워서 감 떨어지기만을 기다리는 사람처럼 요행을 바라지요. 그런데 그리스도인들 중에서도 이런 이들이 많습니다. 아무 노력도 하지 않은 채, 하나님의 은혜가 부어지는 순간을 기다리면서 심지어 그것이 믿음이라고 서슴없이 말하기도 합니다. 그러나 이것은 믿음을 빙자한 또 다른 요행이라고 해야 옳습니다.

하나님의 은혜를 이야기하면서 노력이 필요 없다거나, 하나님의 은혜를 핑계하면서 인간의 책임을 등한시하는 것은 분명히 성경적이지 않습니다. 오히려 그리스도인들에게 요청되는 것은 최선을 다하고 난 후 그 결과에 대해 하나님의 은혜를 바라는 태도입니다. 그래서 바라기만 하고 노력이 없는 그리스도인들을 향해 성경은 '악하고 게으른 종'이라는 칭호를 붙이기도 합니다. 지금 주어진 상황 속에서 최선을 다하는 것은 자비와 긍휼에 풍성하신 하나님의 은혜를 체험하는 가장 빠른 길입니다.

스스로 속이지 말라 하나님은 업신여김을 받지 아니하시나니 사람이 무엇으로 심든지 그대로 거두리라

갈라디아서 6장 7절

불평불만이 많아진
나를 발견할 때

감사와 찬양을 받기에 합당하신 하나님,

어제를 돌이켜 보면 모든 것이 은혜였고

오늘을 살아가는 것이 감사이며,

다가올 내일을 주 안에서 소망으로 바라보게 하심을 감사합니다.

그러나 당장 눈앞의 어려움만 보면서 감사하지 못하고

불평불만에 익숙한 나 자신인 것을 솔직하게 고백합니다.

주님, 나의 연약함을 용서하옵소서.

감옥 속에서조차도 성도들을 향해

"주 안에서 기뻐하라"고 간절하게 호소했던

사도 바울의 음성을 기억합니다.

감사의 조건을 찾기 힘든 상황이지만

마음의 평정을 잃지 않고

내가 주님 안에 있고 주님이 내 안에 계심으로 인하여

늘 감사와 기쁨의 기도를 올릴 수 있는

성숙한 믿음을 허락하여 주옵소서.

예수님의 이름으로 기도합니다. 아멘.

어느 조직이나 불평하는 사람들은 있습니다. 현재에 대한 불만족을 통해서 개선과 발전이 이루어진다는 측면에서 불평과 불만은 건강한 문제의식이라고 볼 수도 있습니다. 그러나 불평만 하고 문제 해결을 위해서 전혀 움직이지 않는다면 말 그대로 단순한 불평꾼에 지나지 않습니다. 이것이 습관이 되고, 나의 무의식까지 지배하게 되면 공동체를 허무는 사람으로 낙인찍히기 쉽습니다.

불평불만을 입에 달고서 행복한 인생을 살아갈 수 있는 사람은 없습니다. 행복하길 원한다면 불평불만의 자리에 감사가 들어서야 합니다. 그렇다면 불평하는 사람과 감사하는 사람의 차이는 어디에 있을까요? 사실 상황과 환경의 차이는 아닙니다. 진수성찬 앞에서도 불평하는 사람들이 있는가 하면, 마른 떡 한 조각 앞에서도 감사하는 사람을 볼 때가 있습니다. 그 차이는 상황을 어떻게 보고 받아들이냐에 있습니다. 불평하는 사람은 자신에 대해 진수성찬을 대접받고도 남을 사람으로 인식하는 것이고, 감사하는 사람은 마른 떡 한 조각도 은혜라고 생각하는 것입니다. 즉 불평은 교만에서 비롯되는 것이고, 감사는 겸손한 사람만이 할 수 있는 것입니다.

이런 측면에서 보면 그리스도인의 불평과 감사는 습관의 문제가 아니라 신앙의 문제인 것을 확인할 수 있습니다. 사실 불의한 자가 형

통하고 꾀부리지 않는 자가 어려움을 당하는 현실 앞에서 불평하지 않고 감사할 수 있는 성품을 유지하는 것은 하나님의 섭리와 주권을 전적으로 의지하지 않고서는 불가능합니다. 불평이 많아졌습니까? 눈앞의 현실 너머 신실하시고 선하신 하나님의 보이지 않는 역사하심과 간섭하심을 믿음으로 붙들길 바랍니다.

여호와는 나의 목자시니 내게 부족함이 없으리로다

시편 23편 1절

2부

성숙한 나를 위한 기도

잘못된 습관을
버리고 싶을 때

나의 삶을 주관하시는 하나님!

그릇되고 버리기 어려운 내면과 외면의 습관 때문에

고민하고 힘들어하는 저의 삶을

하나님 앞에 솔직하게 내어놓습니다.

오직 하나님만이 저의 오래된 나쁜 습관을

바른 방향으로 잡아주실 수 있는 분임을 고백합니다.

오랜 시간 물들어 도저히 지워지지 않는 얼룩처럼

굳어진 나쁜 습관을

결연하게 잘라 버릴 수 있도록 도와주옵소서.

개가 반복적으로 토하였던 것을 다시 먹는 것같이

오물더미 위에서 습관적으로 뒹구는

어리석음을 범하지 않게 하시고

변화된 습관으로 창의적이고 새로운 모습으로

저 자신과 가족과 주변의 모든 이들에게

선한 영향력을 끼칠 수 있도록 도와주소서.

예수님의 이름으로 기도드립니다. 아멘.

　우리말 사전은 습관에 대해 '한 가지 일이 반복됨에 따라 마음과 몸에 길들여진 성질'이라고 정의하고 있습니다. 누구에게나 좋은 습관도 있고, 잘못된 습관도 있습니다. 좋은 습관이야 전혀 문제될 게 없지만 문제는 나쁜 습관입니다. 나쁜 습관은 버려야 마땅한데 언제나 결심만 할 뿐, 여지없이 반복하고 있는 자신을 발견하는 것이 현실입니다.

　그러나 방법이 없는 것은 아닙니다. 잘못된 습관을 버리는 데에는 두 가지 방법이 있습니다. 먼저 잘못된 습관을 반복할 때마다 그 습관에 대한 불쾌한 감정을 연상시키게 만드는 것입니다. 예를 들어, 만약 모임에 자주 지각하는 습관을 가졌다면 지각할 때마다 그 모임에서 드는 비용을 자신이 부담하겠다는 약속을 하는 것입니다. 돈이 아까워서라도 어느새 지각과는 거리가 먼 사람이 될 것입니다.

　두 번째는 보다 긍정적인 방법인데, 바람직한 행동을 했을 때마다 자신에게 적절한 보상을 주는 것입니다. 예를 들어, 정확하게 시간을 지킨 경우에는 그 날 먹고 싶었던 음식을 먹는 기쁨을 누리는 것입니다. 이렇게 부정적인 방법과 긍정적인 방법을 통해 보상의 기쁨을 누리다 보면 자연스럽게 나쁜 습관을 버릴 수 있게 될 것입니다.

　가장 위대한 자기 혁신은 슬그머니 들어왔다가 똬리를 틀고 앉아 절대로 떨어져 나가지 않으려고 나에게 붙어 있는 습관과 싸워 이기는 것입니다. "나의 미래는 나의 작은 습관이 좌우한다"는 누군가의 말, 곱씹어 들어야 할 말입니다.

모이기를 폐하는 어떤 사람들의 습관과 같이 하지 말고 오직 권하여 그 날이 가까움을 볼수록 더욱 그리하자

히브리서 10장 25절

불의한 사람의 성공이
부러워질 때

세상 모든 만물의 흐름을 주관하시는 하나님!

수고하며 땀 흘릴 때 그 열매를 거둘 수 있도록

허락해 주신 것에 늘 감사합니다.

무한 경쟁이 난무하는 생존의 현장이지만,

어떠한 상황에서든 조급한 마음으로 편법을 사용하지 않고

성실하게 하나님의 눈앞에서 일하고,

하나님을 두려워하는 사람이 되게 해주소서.

악인의 흥함을 보고 결코 낙심하지 않게 하시고

서 있어야 할 자리에 신실하게, 참으로 신실하게 서 있어서

그 곳에서 하나님이 살아 계시다는 것을 증언하는

성숙한 삶이 될 수 있도록 인도하여 주소서.

예수님의 이름으로 기도합니다. 아멘.

삶의 여정 가운데 "세상은 왜 이렇게 불공평한가? 도대체 공의의 하나님은 어디에 숨어 계신가?"라고 외치고 싶은 때가 있습니다. 아니, 솔직하게 그럴 때가 많습니다. 땀 흘리며 우직하게 일하는 사람들을 비웃기라도 하듯이 불의한 방법으로 손쉽게 '불로소득'을 취하는 사람들을 볼 때면 더더욱 그렇습니다. 이미 우리 사회에는 다른 사람들보다 좀 더 '빠르게' 벌고 '많이' 벌어서 '손쉽게' 쌓아놓고 '일찍' 편안한 삶을 살아야겠다는 의식이 가득합니다. 그러다 보니 돈만 벌 수 있다면 수단과 방법을 가리지 않는 사람들을 어렵지 않게 주변에서 만날 수 있습니다.

그런데 가만히 보면 그리스도인들도 예외가 아닙니다. 적어도 불의한 방법을 선택하면서까지 경제적 이익을 추구하지 않을지라도, 마음 한구석에는 '나도 저 사람들처럼 한번 살아보면 좋겠다'라는 마음이 불쑥불쑥 일어날 때가 있습니다. 솔직히 불의한 사람들의 성공 신화나 승승장구가 부러울 때가 있는 것이지요.

이런 마음이 들 때 기억해야 할 사실이 하나 있습니다. 수고하거나 땀을 흘리지 않고 돈을 벌고자 하면 결국 낭패를 보고 만다는 것입니다. 정당한 방법으로 부를 축적하는 것은 결코 잘못된 일이 아닙니다. 왜냐하면 돈 자체는 나쁜 것이 아니기 때문입니다. 그러나 정직한 수

고와 땀 흘림의 대가를 기대하는 것이 아니라 재정적 수입을 위해 요행을 바라면서 시간과 정력을 엉뚱한 곳에 낭비한다면 그 결과는 정말 비참합니다.

존 웨슬리는 "할 수 있는 만큼 벌어라. 할 수 있는 만큼 절약하라. 할 수 있는 만큼 나눠주라"는 좌우명을 가지고 살았습니다. 하나님이 일감을 주실 때 그 일을 성실하게 감당해서 수익을 얻을 수 있다면 그것으로 만족하는 자세가 필요합니다. 그리고 그 수익이 풍성하다면 그 결과와 열매들을 가지고 먹지 못하고 마시지 못하는 이들에게 나눔을 실천하는 삶을 산다면 더 큰 기쁨이 넘칠 것이 분명합니다.

성실하게 행하는 자는 구원을 받을 것이나 굽은 길로 행하는 자는 곧 넘어지리라 자기의 토지를 경작하는 자는 먹을 것이 많으려니와 방탕을 따르는 자는 궁핍함이 많으리라 충성된 자는 복이 많아도 속히 부하고자 하는 자는 형벌을 면하지 못하리라

잠언 28장 18-20절

물질의 노예가 되지 않고
다스리고 싶을 때

날마다 일용할 것을 허락해 주시는

자비로우신 하나님!

탐심은 죄라고 엄히 경고하신 하나님의 말씀 앞에

마음의 짐들을 내려놓습니다.

모든 것이 주님으로부터 온 것임을 기억하며

하나님께 위탁 받은 물질들을 잘 관리하는 청지기가 되어

삶 속에서 복의 통로가 되는 은혜를 주소서.

과소비의 유혹 앞에서 항상 절제하며,

주님이 정하신 우선순위에 따라

물질을 효과적으로 사용하는 지혜로운 자가 되게 하소서.

예수님의 이름으로 기도합니다. 아멘.

이른바 '지름신'의 강림으로 충동적으로 물건을 구입한 후에 두고 두고 후회했던 경험이 있습니까? 사실 온라인과 홈쇼핑이 일상화되면 월급날에는 만져보지도 못한 돈이 고스란히 통장에서 빠져나가는 것을 종종 경험합니다.

이런 무분별한 소비 행태의 피해를 최소화하기 위해서 전문가들은 다음과 같은 세 가지 조언을 합니다. 첫째, '물건을 사는 이유를 물어보라. 왜 이 물건을 사려고 하는가?' 하고 자신에게 물어보면 그 물건이 필요하지 않은 이유들이 떠오른다고 합니다. 둘째, '한 주만 기다려라.' 즉 일주일만 기다리면서 생각해 보면 꼭 사야 할 물건인지 아닌지 입장 정리가 된다는 것이지요. 셋째, '물건값을 절약하기 위해 소비를 하지 말라.' 대부분의 광고에서는 '놓치기에는 너무나 아까운 기회'라고 소비자를 유혹하지만, 조금만 지나면 그보다 더 좋은 기회가 언제나 온다는 것입니다.

이런 전문가들의 조언도 도움이 되지만 그리스도인이라면 이런 방법들보다 더 우선적이고 궁극적으로 추구해야 할 방법이 따로 있습니다. 바로 '내 지갑의 주인이 누구인가?'라는 물음을 스스로에게 던지는 것입니다. 가만히 생각해 보면 어렵지 않게 그 질문에 대한 답을 찾을 수 있습니다. 내 지갑의 주인은 나 자신이 아니라 바로 하나님이라는 사실을 깨닫게 될 때 비로소 물질의 노예에서 해방될 수 있습니다.

언젠가 기독경제학자 한 분이 "지극히 건강한 재정 원칙이 세워지는 시기는 나의 지갑까지도 하나님께서 주권을 가지고 계신다는 것을 인정할 때"라고 말했던 것을 기억합니다. 내 마음대로 쓸 수 있는 물질을 하나님께 드린다는 것은 그리 쉬운 일은 아닙니다. 하나님께 드리는 삶을 살기 위해 날마다 애쓰지 않으면 항상 지출의 우선순위는 '나 자신'이 될 것입니다. '나'를 중심으로 이루어지는 지출의 끝은 과연 어디일까요? 절제를 통해 하나님과 모든 사람을 유익하게 하는 것으로 나타날까요? 아니면 과소비로 나타날까요? 나의 인생 전부를 맡길 수 있는 유일한 분이신 하나님께 내가 가진 것들에 대한 권리를 드리는 것이 더 낫지 않을까요?

누가복음 16장 11절

일상이
권태로울 때

만물을 새롭게 하시는 하나님,

날마다 새롭게 되는 은혜를 간구합니다.

매일 반복되는 일상 속에서도

그 일상이 하나님께서 주신 선물이자 축복인 것을 깨닫는

지혜를 허락하여 주소서.

소소하게 느껴지는 일상의 작은 일들에도

하나님의 능하신 손길을 볼 수 있는 영안을 열어주셔서

항상 하나님과 동행하는 기쁨을 누리게 하소서.

일상 속에서도 하나님의 일하심을 놓치지 않고

하나님께 영광 돌리는 귀한 삶 되게 하소서.

예수님의 이름으로 기도합니다. 아멘.

반복되는 일상에 싫증이 나고 권태감이 밀려올 때가 있습니다. 매일 같은 시간에 일어나 같은 교통편을 이용하고, 똑같은 거리를 보면서 도착한 일터와 학교에서 같은 패턴의 업무와 학업을 감당하노라면 지루함이 밀려오고 종종 일상 탈출을 꿈꾸게 됩니다.

그러다 보니 '나는 그저 매일 내가 다니는 길을 다져주는 사람에 불과하다'는 생각을 하기 십상입니다. 그래서 매일 일과 공부를 하고는 있지만, 무엇을 위해 일하고 공부하는지 방향 가늠도 되지 않고, 그 누구도 나의 수고를 알아주지 않는다는 데까지 생각이 미치면 마음의 허탈감은 극에 달합니다. 모든 것을 뒤로하고 어디론가 혼자 훌쩍 떠나 버리고 싶기도 하지만, 생각에 그칠 뿐 실행으로 옮기기가 불가능한 현실 앞에 더욱 좌절합니다. 이러다가 나의 모든 것이 다 닳아 없어져 버리는 것이 아닌가 하는 생각이 들기도 합니다.

그리스도인이라고 해서, 성숙한 믿음을 가졌다고 해서 반복되는 일상의 무료함을 느끼지 않는 것은 결코 아닙니다. 그런데 이럴 때 마다 생각나는 바울의 고백이 있습니다. 바로 "그러므로 우리가 낙심하지 아니하노니 우리의 겉사람은 낡아지나 우리의 속사람은 날로 새로워지도다"고린도후서 4장 16절라는 고백입니다.

반복되는 일상을 현상적인 시각에서만 본다면 새로울 것이 하나도 없습니다. 그러나 아버지 하나님께서 주신 평온의 선물이라는 것을 인식하는 순간 모든 것이 달라집니다. "아! 오늘도 그리스도를 닮아가는 여정에 하나님께서 나를 세우셨구나!" 하는 것을 깨닫는 순간 모든 것이 달라 보입니다. 한 끼의 식사, 누군가와 함께 시간을 보낼 수 있다는 것, 늘 다니는 길에 보이는 건물과 표지판들…. 평범한 일상이 나를 향해 거칠게 다가오지 않고 언제나 내가 움직일 수 있는 여유 공간을 가만히 내어주는 것 자체가 최고의 선물인 것입니다.

그래서 나에게 주어진 일상은 평온함 속에서 나를 날마다 새롭게 하려는 선하신 하나님의 큰 계획의 일부인 셈입니다. 일상 속에도 아직 발견하지 못하고 깨닫지 못한 귀한 보석들을 찾아내고 그것을 내 삶 안으로 거두어들이겠다는 기대감을 가지고 다시 한 번 걸어왔던 길을 걸어가 보십시오.

좋은 것으로 네 소원을 만족하게 하사 네 청춘을 독수리 같이 새롭게 하시는도다

시편 103편 5절

59

내 안에 있는
이기심을 확인할 때

자비와 긍휼의 하나님!

자기중심성을 벗어버리지 못하는 저를

끝까지 기다려 주시고 품어주셔서 감사드립니다.

늘 자기 자신이 기준이 되어 오만과 편견으로 움직이면서

주변에 상처를 주고 여러 가지 분란의 원인을 제공하던

저를 용서해 주시기를 간구합니다.

품으시되, 언제나 끝까지 품으시는

하나님의 그 넓으신 품과 안아주심을 늘 기억하며

주변의 형제자매를 이기적으로 대하고 판단하는 마음을

변화시켜 주소서.

열린 마음과 나보다 남을 낮게 여기는 자세와 나눔을 통해

어디를 가든지 그 곳에 이해와 화평과 기쁨을 심으며,

천국을 미리 맛보는 삶을 늘 경험하게 하소서.

예수님의 이름으로 기도합니다. 아멘.

　1인 가구, 이른바 '나홀로가구'가 빠르게 늘어나고 있습니다. 서울의 경우에는 네 집 가운데 한 집이 '나홀로가구'라고 하니 이제 1인 가구는 시대의 대세가 되었다고 해도 과언이 아닙니다. 이런 시대를 살다 보니 개인주의의 확산은 자연스러운 현상이고, 주변 사람들과 더불어 사는 것을 힘들어하는 것을 자주 목격하게 됩니다.

　사실 다른 사람들에게 피해를 주지 않고 홀로 잘 살아가는 개인주의야 결코 문제일 리 없습니다. 그러나 개인주의가 다른 이들로부터 조금이라도 부당하거나 불편한 일을 당할 때에 참지 못하는 자기중심적인 이기주의로 변질된다면 이것은 분명 큰 문제입니다. 실제로 주변을 돌아보면 종종 지나친 자기중심적 이기성이 공동체 전체를 망가뜨리는 경우를 목격하게 됩니다.

　평생 농부로 살면서 『혼자만 잘 살믄 무슨 재민겨』라는 책으로 진정한 삶의 기쁨이 무엇인지 큰 울림으로 깨우쳐 준 전우익 선생은 책 속에서 이렇게 말합니다.

　"뭐든 여럿이 노나 갖고, 모자란 곳을 두루 살피면서 채워 주는 것, 그게 재미난 삶 아닌 겨."

　하나님이 돈을 많이 벌게 해주셨거나, 어떤 분야에 대한 전문성과 지식을 많이 쌓게 해주셨을 때 이것은 자기만을 위해 사용하라고 주

신 것은 분명 아닐 터입니다. 오늘 내 손에 무엇이 있는지, 조금이라
도 여분이 있다면 나를 위해서만 움켜쥐지 말고 그것이 필요한 누구
에게든지 마음을 열고 손을 펴 나누기 시작한다면 세상은 지금보다
훨씬 더 살맛나게 될 것이 확실합니다.

날마다 마음을 같이하여 성전에 모이기를 힘쓰고 집에서 떡을 떼며 기
쁨과 순전한 마음으로 음식을 먹고 하나님을 찬미하며 또 온 백성에게
칭송을 받으니 주께서 구원 받는 사람을 날마다 더하게 하시니라

사도행전 2장 46-47절

일상을 거룩한 삶으로
변화시키고 싶을 때

거룩하신 하나님!

부족하고 약점 투성이인 저를 그리스도의 십자가로 말미암아

거룩한 자녀로 삼아주신 것을 감사드립니다.

불의한 세상 속에 거룩한 하나님의 자녀로 살아간다는 것이

쉽지 않음을 솔직하게 고백합니다.

그래서 때로는 무너지고,

있지 말아야 할 자리에 서 있고,

걷지 말아야 할 길에 서 있는 자신을 솔직하게 고백합니다.

그러나 이 시간, 다시 거룩하신 하나님의 요청에 순종하여

십자가에 달려 죽기까지 순종하신 주님을 바라봅니다.

상상할 수 없는 탐욕과 불건전한 현실이 판치는 세속 구조 속에서

하나님의 거룩한 뜻을 이루며 성령 안에서 거듭난 도구로

다시 사용되는 은혜를 허락해 주시기를 기도드립니다.

부족하지만 거룩의 열정을 품고 움직일 때마다

하나님이 기대하시는 선한 영향력이 일어나게 하소서.

그래서 매 순간 밟는 땅마다 만물을 거룩하게 하시는

십자가의 능력이 나타나는 은혜를 부어주소서.

예수님의 이름으로 기도합니다. 아멘.

성숙한 그리스도인들에게는 거룩에 대한 갈망과 거룩한 삶에 대한 열정이 있습니다. 그러나 죄악의 속도가 점점 가속화되고 있는 세상에서 거룩한 열정을 품고 살아간다는 것은 생각만큼 쉽지 않습니다. 다른 그리스도인들은 굳이 티 내지 않으면서도 잘 사는데, 자신만 티를 내며 산다는 것이 마음에 썩 내키지 않은 일이기도 합니다. 그러나 내가 그리스도의 십자가로 구속 받은 그리스도인이라면 불의한 세상을 구속시켜야 할 거룩한 부담감이 있음을 인정해야만 합니다. 일상의 삶 자체가 거룩한 비전의 현장이어야 한다는 말입니다.

폴 스티븐스는 그의 책 『참으로 해방된 평신도』에서 일상에서의 거룩한 삶을 강조하면서 이렇게 말하고 있습니다.

"휴대전화를 제작하고, 가족을 위해 식사를 준비하고, 예술 작품을 디자인하고, 공장에서 자동차를 만드는 일 모두가 하나님의 일, 곧 사역이다. 사역이란 교회 사역만이 아니라 하나님과 하나님의 목적을 섬기는 것이다."

중국내지선교회의 창립자인 허드슨 테일러도 같은 맥락에서 "작은 일은 작은 일이다. 그러나 작은 일에 신실한 것은 큰일이다"라는 말을 남겼습니다.

일상 속에서 "내가 거룩하니 너희도 거룩하라"는 하나님의 말씀을 마음판에 새기고, 거룩의 비전을 품고 살아가는 것이 얼마나 중요한지는 아무리 강조해도 지나치지 않습니다. 그래서 하나님께서 지금 나를 세우신 그 곳에서 거룩한 존재로 살아가고, 또 인정받으며 살고 있는지 늘 점검하는 것이 필요합니다. 어떤 위치에 서 있고, 무슨 일을 하며, 삶의 형편이 어떠하든지 그 곳은 나의 거룩한 삶을 통해 하나님을 대변하는 현장이어야 할 것입니다.

그러나 너희는 택하신 족속이요 왕 같은 제사장들이요 거룩한 나라요 그의 소유가 된 백성이니 이는 너희를 어두운 데서 불러내어 그의 기이한 빛에 들어가게 하신 이의 아름다운 덕을 선포하게 하려 하심이라

베드로전서 2장 9절

실패를
경험했을 때

주님!

열심히 일했음에도 불구하고 성과가 없습니다.

사람들이 실패자라고 비웃습니다.

그러나 믿습니다.

나의 삶을 쥐고 계시는 주님이

내 삶 속에서 경이로운 일을 시작하시고,

은혜로 그 일을 이루어가시며,

마침내 아름다운 열매를 맺을 수 있게 하실 줄 믿습니다.

더 이상 두려워하지 않고 다시 일어나겠습니다.

예수님의 이름으로 기도합니다. 아멘.

그 누구도 실패를 좋아하는 사람은 없습니다. 그런데 실패학이라는 학문이 뜨고 있다는 사실을 아시나요? 실패학의 권위자인 하타무라 요타로 도쿄대 명예교수는 그의 책 『실패를 감추는 사람, 실패를 살리는 사람』에서 "인생의 80퍼센트는 실패의 연속이며, 실패를 묻어두면 계속 실패하고 실패에서 배우면 성공한다"라고 조언합니다. 실패학의 출발점은 실패의 경험이 귀중한 자원이라는 인식에서부터 시작합니다.

인생의 여정 속에 실패를 통해 얻게 되는 하프타임은 인생의 목적을 재점검할 수 있는 좋은 기회임에 틀림없습니다. 결국 성숙하고 늘 진보가 있는 인생을 살기 위해서는 피해 갈 수 없는 필수과목이 실패인 것입니다. 혹시 실패했습니까? 일단 마음을 비우고 실패를 인정하는 것이 절대 필요합니다. 피하고 싶고, 맞닥뜨리기 힘들지만 실패를 겪게 되는 순간 사람은 고민이라는 독특한 모드에 진입하게 됩니다. 그래서 자신을 돌아보게 되고, 인생을 점검하는 소중한 분기점을 맞이하는 것입니다.

대부분의 사람들이 쉼표 없이 초고속으로 승진하고, 손을 대기만 하면 돈이 펑펑 쏟아지는 미다스의 손과 같은 능력을 지니고 싶어 합니다. 하지만 오히려 실패하고 좌절하는 인생의 휴지기를 맞이했을 때가 자신의 인생 전반을 관조할 수 있는 좋은 기회인 것은 분명합니다. 순수하게 열심을 다하여 사는데도 뜻하지 않은 실패를 많이 경험했다면 그것은 전능자가 우리를 더욱 성숙하게 빚어가시는 과정일 가능성이 높습니다.

대저 의인은 일곱 번 넘어질지라도 다시 일어나려니와 악인은 재앙으로 말미암아 엎드려지느니라

잠언 24장 16절

상실을
경험했을 때

사랑의 주님!

무슨 말을 하기도, 어떤 말을 듣기도 싫을 만큼

힘이 듭니다.

상실의 아픔이 지금 내 삶을 갈기갈기 찢어놓았습니다.

물 위를 걸을 수도 있을 것만 같았던 저의 견고한 믿음도

이해할 수 없는 이 커다란 고통 앞에서는

바람 앞의 촛불이 되었습니다.

그러나 이 시간 십자가에서 아들을 죽기까지 내어주신

하나님의 상실을 깊이 묵상할 수 있는 은혜를 주옵소서.

그리고 그 하나님 앞에 나아가는

저를 받아주시고 안아주소서.

예수님의 이름으로 기도합니다. 아멘.

“자식 잃은 부모에게 남은 인생은 없습니다.”

2014년 개봉되었던 영화 「방황하는 칼날」에서 여중생 딸 수진을을 잃은 아버지가 던진 한마디입니다. 이처럼 크고 작은 상실을 삶의 여정 속에서 경험할 수밖에 없는 것이 인생입니다. 사랑하는 가족을 잃고 치명적인 관계의 상실을 경험하기도 하고, 뜻하지 않게 건강을 잃어 버리기도 하고, 원치 않게 해고를 통보 받고 직장을 잃어 버리기도 합니다.

특히 도무지 되돌릴 수 없는 상실의 아픔-친밀하고 친애한 이들의 죽음-을 경험하게 되면, ‘왜 나에게 이런 일이 벌어졌는가?’ 하는 생각에 마음의 분노와 절망이 쉽사리 가시지 않습니다. 주변 사람들은 “시간이 약”이라는 말로 위로하지만 시간의 흐름 속에 고통의 기억이 흐려지는 속도보다 고통에 의해 삶이 무너지는 속도가 더 빠르기 때문에 위로의 효력을 경험하기가 어려운 것이 현실입니다.

그래서 상실의 아픔 속에 있다면 느끼는 감정 그대로를 하나님 앞에서 쏟아 놓는 정직함이 필요합니다. 아무렇지도 않은 척, 괜찮은 척하며 돌아서서 속으로 우는 것이 아니라 엄마 품에 안겨서 서러움을 토해 놓으며 엉엉 우는 어린아이처럼 하나님 앞에서 우는 것입니다. 타락한 인류를 구원하기 위해 독생자 예수 그리스도를 십자가에 내어주신, 그래서 이 세상에서 가장 큰 상실을 경험하신 하나님 앞에 우리의 정직한 마음을 토해 놓을 때-그것이 비록 부정적 감정이라 할지라도- 비로소 인정하기 싫은 상실을 삶의 한 부분으로 받아들일 수 있는 위로와 용기를 얻게 될 것입니다. 나의 슬픔과 상실의 아픔을 하나님께 의탁할 때 내가 우는 소리보다 더 크게 우시는 하나님의 위로가 임하는 것을 경험하게 될 것입니다.

모든 눈물을 그 눈에서 닦아 주시니 다시는 사망이 없고 애통하는 것이나 곡하는 것이나 아픈 것이 다시 있지 아니하리니 처음 것들이 다 지나갔음이러라

요한계시록 21장 4절

남들보다
뒤처진다고 생각될 때

나의 어제와 오늘과 내일을 유일하게 아시는 하나님,

오늘도 열심을 다해 살지만

1분 1초 후를 알지 못해 불안해하는 저의 연약함을 고백합니다.

나날이 부담으로 다가오는 주변의 기대 속에

마음이 지치고 힘들어집니다.

주님의 손 잡아주심을 기대하며

빈손으로 주님 앞에 나아옵니다.

마음 가득한 불안과 초조함을 몰아내 주시고,

주님 주시는 평안과 자유함으로 채워 주옵소서.

하나님이 주신 비전을 끝까지 놓지 않게 하시고,

나의 때와 내 방법이 아닌,

하나님의 때와 방법을 의지하는 믿음의 사람 되게 하옵소서.

예수님의 이름으로 기도합니다. 아멘.

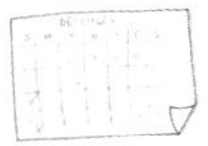

'한 고비를 지나면 또 한 고비가 나타나는 것이 인생'이라는 말은 정말 현실적인 명언 중의 명언입니다. 대학 입시를 앞두고 숱하게 들었던 이야기는 "대학만 들어가면 뭐든지 해도 돼"라는 말이었습니다. 그러나 대입 이후의 현실은 전혀 그렇지 않습니다. '취업'이라는 바늘 구멍 같은 취업문이 기다리고 있습니다. 대학 졸업 후 첫 직장을 얻는 시간까지 11개월 정도가 소요된다는 통계가 있지만, 실상은 그렇지 않습니다. 정말 좋아하고, 하고 싶고, 실제로 잘하는 일을 하면서 경제적으로 안정을 유지할 수 있는 자리에 이르기까지 '시험과 시험 속에 다져진 전우애'를 나눌 수 있는 친구들만 자꾸 늘어납니다.

캠퍼스에 있었던 4년의 기간을 훌쩍 넘기는 긴 기다림 속에서 계속되는 낙방에 직면하다 보면 미래에 대한 불안감은 최고로 증폭되고, '노력해도 안 될 수 있다'는 불안감은 '어차피 노력해도 안 된다'는 무기력증으로 번져갈 수밖에 없습니다. '다 잘 될 거야'라는 위로는 너무 막연합니다. 가까스로 안정된 직장에 취업했다고 해도 업무의 압박과 승진시험의 무게는 계속해서 한순간도 긴장을 늦추지 못하게 합니다. 직장만이 아니라 사업을 선택한 현장도 마찬가지이고, 무슨 일을 선택했든지 인생은 '숨 가쁨 그 자체'입니다.

도대체 앞날을 예측할 수 없는 것이 인생입니다. 그러나 비록 마주

하고 있는 보통 인생의 여정이 이렇다 하더라도 하나님의 주권을 신
뢰하는 그리스도인들은 낙심하지 않습니다. 왜냐하면 비록 나의 계
획이 실패한다 할지라도 나를 향한 하나님의 계획은 한 치의 오차 없
이 차근차근 진행되고 있다는 사실을 믿기 때문입니다.

자신을 향한 하나님의 계획이 하나님의 방법대로 하나님의 때에
온전히 이루어질 것이라는 믿음을 가졌던 요셉을 통해서 이런 자세
를 배웁니다. 지금은 비록 손에 잡히는 성취가 없지만 궁극적으로 하
나님을 사랑하는 자 그 뜻대로 부르심을 받은 하나님의 자녀에게는
모든 것이 합력하여 선을 이룰 것이라는 믿음이 있다면 조급증의 한
계와 불필요한 염려에서 분명히 자유할 수 있습니다.

이는 내 생각이 너희의 생각과 다르며 내 길은 너희의 길과 다름이니라
여호와의 말씀이니라 이는 하늘이 땅보다 높음 같이 내 길은 너희의 길
보다 높으며 내 생각은 너희의 생각보다 높음이니라

이사야 55장 8-9절

인생의 노후가
걱정될 때

나의 삶의 전부이신 주님!

백 세 시대를 사는 세상 속에서

어떻게 앞으로의 삶을 꾸려가야 할지

미래에 대한 두려움이 먹구름처럼 저의 안에 꽉 차 있습니다.

그러나 여기까지 나를 도우신

에벤에셀의 하나님을 다시 묵상합니다.

지금까지 계셨고 또 현재 계실 뿐만 아니라

내가 걸어가는 앞으로의 모든 여정 가운데 함께하실

하나님으로 인하여 미래를 향해 뚜벅뚜벅 걸어가고자 합니다.

백발은 영화의 면류관이라고 하신 말씀대로

앞으로 살아갈 노년의 삶이

더욱 하나님께 영광을 올려드리는 보람 있는 삶이 될 수 있도록

젊음의 때에 주어진 건강과 힘으로

잘 준비할 수 있는 지혜를 주소서.

그래서 살아 있는 동안 어떤 순간에도

하나님 나라를 위한 영광의 도구로 쓰임 받게 하소서.

예수님의 이름으로 기도합니다. 아멘.

생활환경의 개선과 의학의 발달은 백 세 시대를 공공연하게 예견하게 만듭니다. 초고속으로 진행되고 있는 고령화사회 속에서 이제 환갑잔치는 어색한 광경이 되고 말았습니다. 상황이 이렇다 보니 이제는 은퇴 후 노년의 삶을 ‘인생의 황혼기’라고 부르지 않고 ‘제3의 인생’이라고 일컫는 것이 사회적 추세가 되었습니다. 이런 상황 속에서 모든 사람들이 ‘어떻게 해야 제3의 인생인 노년을 보다 보람 있게 살 것인가?’에 골몰하고 있습니다.

이런 가운데 과연 그리스도인들은 어떻게 노년을 준비해야 할까요? 이 질문에 대한 대답은 분명히 노후에 경제적 윤택함을 지속적으로 누리기 위해 종신보험이나 연금에 가입하는 것만을 의미하는 것은 아닐 것입니다. 중요한 것은 노년에 받기만 하는 삶이 아니라, 어떻게 하면 나 자신과 내 주위의 사람들이 지속적으로 더 나은 삶을 영위하도록 도움을 주는 인생을 살 수 있을 것인가에 대한 문제입니다. 그러므로 하나라도 더 배울 수 있는 능력이 있는 젊음의 때에 하나님께서 허락하신 여러 가지 교육과 훈련의 기회를 십분 활용하여 노후를 준비하는 것이 절대 필요합니다.

노년을 자투리 인생을 사는 것처럼 어쩔 수 없이 한쪽으로 물러나 살지 않고, 하루하루 새로운 삶을 살기 위해서는 현재 하나님께서 우리에게 주신 소명을 신실하게 이루기 위한 준비가 있어야 합니다. 그러기 위해서 호흡이 끝나는 그 시간까지 보람 있는 삶을 살기 위해 지금 자신에게 남아 있는 시간과 젊음과 기회를 어떻게 활용하고 있는지 점검해 보십시오. 그래서 에녹처럼 하나님과 매일 동행하다가 하나님이 함께 가자고 부르시는 그날에 주저함 없이 기쁜 마음으로 하나님의 집으로 가는 삶이 될 수 있도록 말입니다.

그런즉 너희가 어떻게 행할지를 자세히 주의하여 지혜 없는 자 같이 하지 말고 오직 지혜 있는 자 같이 하여 세월을 아끼라 때가 악하니라

에베소서 5장 16-17절

3부

관계를 위한 기도

까다로운 상사로 인해
힘들 때

날마다 우리에게 좋은 것을

주기 원하시는 하나님 아버지!

일하는 곳에서

좋은 동료들과 상사들을 만날 수 있는 복을 허락해 주소서.

그러나 때때로 대하기 어렵고 까다로운 상사가 있을지라도

꾸준한 감사와 성실함으로

아름다운 관계를 가질 수 있는

은혜를 주소서.

어디를 가든지 진정성 있게 말하고 행동하므로

상사들에게 좋은 평가를 받아

하나님께 영광 돌리는 삶이 되게 하소서.

예수님의 이름으로 기도합니다. 아멘.

　직장인이라면 최소한 하루의 절반 이상을 직장에서 업무와 관련된 사람들과 함께 시간을 보내게 됩니다. 그리고 회사의 오너가 아닌 이상 상하 관계 속에서 소위 샌드위치 상황에 놓여 주로 윗사람 눈치를 봐야 하는 것이 맞닥뜨리는 현실입니다. 나를 이해해 주고 배려해 주는 좋은 상사만 있다면 무슨 문제가 있겠습니까만은, 항상 현실은 바람과 거리가 멉니다. 직장인들의 설문조사 결과를 보면 직장 다니기가 가장 힘든 이유로 나를 힘들게 하고 까다롭게 구는 상사 때문이라는 응답이 절대 우세입니다. 그래서 상사와의 갈등 때문에 하루에도 몇 번씩 그만둬 버릴까 하는 생각을 하는 겁니다.

　이런 상황을 어떻게 해결할 수 있을까요? 성경은 비록 까다로운 상사를 두었다고 할지라도 예수 그리스도가 십자가에서 당하신 고난을 생각하며 인내하고 순복하라고 가르칩니다. 상사가 나를 무능하고 이기적인 사람이라 판단하지 않도록 겸손한 마음과 성실한 태도로 상사를 대한다면, 아무리 모질고 까다로운 사람일지라도 결국 당신을 인정할 수밖에 없을 것이라는 말입니다. 물론 쉽지 않은 일입니다. 비도덕적인 일을 반복적으로 시킨다든지, 인격적인 모욕을 상습적으로 가한다면 그것은 또 다른 차원의 문제입니다.

　그러나 일을 처리하는 방법의 문제에서 갈등이 있고 문제가 발생

한다면 힘겹더라도 인내가 필요합니다. 그래서 꾸준히 감사하는 마음을 갖고 성실하고 진정성 있게 대한다면 상황은 얼마든지 바뀔 수 있을 것입니다. 이런 점에서 감옥 속에서도 윗사람으로부터 'A+'의 점수를 받았던 요셉은 좋은 모범이라 할 수 있습니다.

사환들아 범사에 두려워함으로 주인들에게 순종하되 선하고 관용하는 자들에게만 아니라 또한 까다로운 자들에게도 그리하라 부당하게 고난을 받아도 하나님을 생각함으로 슬픔을 참으면 이는 아름다우나 죄가 있어 매를 맞고 참으면 무슨 칭찬이 있으리요 그러나 선을 행함으로 고난을 받고 참으면 이는 하나님 앞에 아름다우니라 이를 위하여 너희가 부르심을 받았으니 그리스도도 너희를 위하여 고난을 받으사 너희에게 본을 끼쳐 그 자취를 따라오게 하려 하셨느니라

베드로전서 2장 18-21절

직장 동료들이
경쟁자처럼 느껴질 때

십자가에 못 박혀 죽으시기까지
연약한 우리에게 사랑의 관심을 보여주셨던 주님!
무한 경쟁의 현실 속에 내몰려
자기만을 드러내고 자랑하는
어리석은 자가 되지 않도록 붙잡아주소서.
예수 그리스도의 사랑을 먼저 깨달은 자로서
언제나 주님으로부터 받은 사랑과 관심을
동료들에게 나누어주는 사랑의 통로가 되기를 원합니다.
그래서 아무도 믿지 않는 세태 속에서도
부족하지만 주님의 손과 발이 되기를 원하는 나를 통해
함께하는 동료들이 좀 더 서로를 이해하고 배려하는
놀라운 역사가 일터에서 날마다 나타나게 하소서.
예수님의 이름으로 기도합니다. 아멘.

　우리는 '만인의 만인에 대한 경쟁'이 당연한 것으로 받아들여지는 무한 경쟁 시대 속에 살고 있습니다. 내가 상대방을 밟고 올라서지 못하면 언제든지 짓밟힐 수 있다는 엄연한 현실에 직면해 있습니다. 그래서일까요? 일터의 현장에서 동료들을 대하는 태도도 살벌합니다. 관심과 배려는 사전에서나 찾을 수 있는 단어일 뿐, 현실 속에서는 좀처럼 찾을 수가 없습니다.

　사실 점점 나이가 들면서 승진에 대한 욕심이 생기고, 다른 사람들에게 인정을 받고 싶어 하는 마음이 생기는 것은 당연한 일입니다. 그러나 함께하는 사람들에 대한 배려와 관심 없이 그들의 가슴에 멍이 들건 말건 경쟁상대로만 여기면서 살아가는 삶의 태도는 분명 그리스도인으로서 가져야 할 자세가 아닙니다.

　그렇다면 모든 사람들이 눈물 주머니를 가슴에 안고 살아가는 현실 속에서, 그리스도인들은 항상 얼굴을 맞대고 생활하는 직장 동료들에게 어떤 태도를 가져야 할까요? 나와 함께 일하는 이들은 경쟁자만이 아니라 하나님이 동시대를 살아가는 수많은 사람들 가운데 동역자요 동반자로 붙여 주신 특별한 사람들입니다. 그래서 함께 울고 함께 웃는 관계를 만들어가는 것이 중요합니다.

　그리스도가 나의 눈물을 닦아주셨듯이 먼저 내가 그들이 흘리는

눈물을 닦아주겠다는 관심과 배려의 태도를 가지고 다가서면 일터의
현장에서 어떤 일이 일어날까요? 싱긋 한 번 미소를 지었을 뿐인데
직장 동료들의 기분이 좋아진다면 그보다 더 큰 배려와 관심은 없을
것입니다. 내일 단 한 번이라도 동료들에게 싱긋 웃음을 보여주는 건
어떨까요?

> 그가 우리를 위하여 목숨을 버리셨으니 우리가 이로써 사랑을 알고 우
> 리도 형제들을 위하여 목숨을 버리는 것이 마땅하니라
>
> 요한일서 3장 16절

원하지 않지만
피스메이커가 되어야 할 때

하나됨의 모범이신 오직 한 분 하나님!

자신의 허물은 보지 못하고,

다른 사람의 허물만을 들추어내어

공동체의 하나됨을 방해하는 모습이

마음속에 도사리고 있는 것을 고백합니다.

자신은 용납 받기 원하면서

다른 이들은 용서하지 않는 이기적인 마음을

용서하여 주소서.

십자가의 사랑으로 모든 막힌 담을 허무신

주님의 사랑을 기억하며,

이해 받고 사랑 받기보다는 평화의 도구가 되어

공동체를 더욱 기쁨이 넘치고 성숙으로 나아가게 하는

피스메이커가 되기를 소원합니다.

주님이 죽기까지 십자가를 지심으로

하나님과 죄인 된 우리의 화목 제물이 되신 것을 늘 잊지 않고

나 역시 항상 화목의 모범이 되게 하소서.

예수님의 이름으로 기도합니다. 아멘.

통상적으로 남의 일에 참견하기 좋아하고 입바른 말 잘하며, 뒤에서 수군거리기 좋아하는 이들을 가리켜 트러블메이커trouble maker라고 합니다. 사실 어느 공동체에나 이런 사람들은 있게 마련입니다. 그러나 문제는 이런 사람들의 악취미가 재미로 끝나면 좋겠지만, 공동체 전체를 와해시킬 정도의 파급 효과를 미치는 경우가 종종 일어난다는데 있습니다.

사도 바울은 "할 수 있거든 너희로서는 모든 사람과 더불어 화평하라"로마서 12장 18절고 권면합니다. 사실 악을 행한 사람들과 화평을 도모하거나 갈등을 일으키는 사람들을 이해하고 용납한다는 것은 쉽지 않습니다. 공동체 안에서 불공평한 대우를 받거나, 누군가 나에 대해 근거 없는 '뒷담화'를 하는 것을 우연히 알게 되었을 때 아무리 '화평하라'는 말씀을 암송하고 머릿속에 새겨 넣었다고 하더라도 순간적으로 치미는 분노를 가라앉히기란 쉽지 않습니다.

주님은 화평케 하는 자에게 하나님의 아들이 되는 복을 약속해 주셨습니다. 그리고 단순히 약속만 하신 것이 아니라 주님은 친히 십자가에서 죽으심으로 도저히 화목할 수 없었던 하나님과 나 사이의 피스메이커가 되어 주셨습니다. 이것은 갈등사회 속에서 그리스도인이 어떤 표준을 가지고 살아야 할지를 잘 보여줍니다. 그래서 비록 힘들

고 어렵지만 피스메이커로서의 역할은 그리스도인이라면 반드시 감
당해야 할 거룩한 부담인 것입니다.

마태복음 5장 9절

진실한 친구가
그리워질 때

나의 영원한 친구이신 주님!

저의 인생 여정 속에서 좋은 친구들을

만나기 소원합니다.

그러나 관계의 사막지대 속에서

좋은 친구가 될 만한 사람을 찾는 것에만 급급하지 말고

먼저 나 자신이 주변 사람들에게

좋은 친구로 인정받는 삶을 살 수 있도록

지혜와 능력을 허락하여 주소서.

무엇보다 날마다 영원한 친구이신

주님을 알아가는 깊이가 더해져서

주변의 친구와 더욱 풍성한 교제와 나눔의 기쁨이

넘치게 하소서.

예수님의 이름으로 기도합니다. 아멘.

고달픈 인생사 속에서 마음의 짐을 내려놓고 무슨 이야기든 나눌 수 있는 친구가 있다는 것은 분명 축복입니다. 그래서 잠언을 기록한 지혜자는 친구에 관해서 이런 말을 남깁니다. "철이 철을 날카롭게 하는 것 같이 사람이 그의 친구의 얼굴을 빛나게 하느니라"잠언 27장 17절 하지만 평생을 어깨동무하며 걸어갈 진실한 친구들을 만나는 것은 분명 쉬운 일이 아닙니다. 그래서 주변에 사람은 많지만 정작 가슴을 열고 대화할 사람이 없는 것이 우리의 현실입니다.

이런 경험이 있습니다. 초등학교 5~6학년 시절 학교 운동장은 언제나 좋은 놀이터였습니다. 축구를 잘하지는 못했지만 예닐곱 명의 동네 친구들과 하는 축구는 언제나 신 났고, 최고의 재미를 주는 놀이였습니다. 그래서 날이 덥든 춥든 거의 매일 축구를 했던 기억이 납니다.

축구를 하면서 놀던 6학년 2학기 시작 무렵의 어느 날, 우리 또래의 아이 하나가 매일 운동장 한구석에서 혼자 놀고 있는 것이 눈에 들어왔습니다. 무심코 흘려보내면서 1주일여가 지났는데 그 아이는 여전히 혼자였습니다. 아마 새로 전학을 왔는데 아직 친구를 사귀지 못한 듯했습니다. 그때 한 친구가 "우리 저 아이에게도 공 한번 줘 볼까?" 하면서 혼자 노는 아이에게 공을 툭 밀어주었습니다. 그때부터 그 아이와 우리는 한 패밀리가 되었고, 지금까지도 가장 절친한 친구로 남아 있습니다. 혼자 놀다가 우리와 친해졌던 그 친구는 지금도 이런 이야기를 합니다.

"그때 너희가 나에게 공을 밀어주지 않았더라면 나는 영원히 너희들 같은 좋은 친구들을 만나지 못했을 거야. 그 일 덕분에 언제든 잘 모르는 사람을 만나도 열린 마음으로 대하는 습관을 갖게 됐어."

먼저 마음의 빗장을 여는 것이 친구를 만들 수 있는 출발점입니다. 언제든 마음을 열고 대화할 수 있는 진정한 친구가 지금 몇 명이나 있나요? 만약 손으로 꼽아보았을 때 그 수가 너무 적다면 더 나이를 먹기 전에 주변의 누군가에게 마음의 빗장을 먼저 여는 것이 필요합니다. 그리고 친구의 중요성을 알고 있다면 한 가지 더 참신한 제안을 하고 싶습니다. 언제 어느 곳에서나 영원하고 진정한 친구가 되어주기를 원하시는 예수님을 만나보라고 말입니다.

이제부터는 너희를 종이라 하지 아니하리니 종은 주인이 하는 것을 알지 못함이라 너희를 친구라 하였노니 내가 내 아버지께 들은 것을 다 너희에게 알게 하였음이라

요한복음 15장 15절

신뢰 받는
좋은 선배가 되고 싶을 때

측량할 수 없는 사랑을 베풀어주신 주님!

주님의 사랑에 빚진 자이지만

제대로 사랑을 나누지 못하는 저를 불쌍히 여겨 주소서.

이제 삶 속에서 사랑의 빚을 갚을 수 있는 은혜를 주시고,

특별히 저에게 주어진 모든 권위와 위치가

주님께서 특별히 허락하셔서 주어진 것임을

잊지 않게 하소서.

날마다 함께하는 후배들을 사랑으로 용납하고

항상 지지해 주고 믿어주는 선배의 모습을 가지게 하시며,

삶의 전 영역에서 후배들이 기대하며 닮아가기를 소원하는

모범적인 선배가 되게 하소서.

예수님의 이름으로 기도합니다. 아멘.

"욕하면서 닮아간다"는 말이 있습니다. 함께 일하는 선배의 부정적인 면을 은연중에 닮아가는 모습을 일컫는 말입니다. 이런 이야기도 있습니다. 혀가 조금 짧아 발음이 원활하지 않은 후배가 '바람 풍風'자를 읽는데 자꾸만 '바담 풍'이라고 읽는 것을 거슬려 하던 선배가 자기 발음을 따라해 보라고 했습니다. 그런데 선배도 혀가 짧은지라 '바담 풍'이라고 발음합니다. 따라하는 후배의 발음이 고쳐질 리 없습니다. 몇 번을 반복한 끝에 그제야 자신이 혀 짧은 소리를 낸다는 것을 깨달은 선배가 후배를 윽박지르며 말합니다.

"나는 '바담 풍' 해도, 너는 '바담 풍' 해야지!"

선배들이 후배들을 염려하는 이야기를 종종 듣습니다. 요즘 후배들은 예의범절이 없다는 둥, 도무지 다른 사람들에 대한 배려가 없고 자기밖에 모른다는 둥, 인내심이 없고 도덕성은 더욱 없고 뭘 생각하고 사는지 도대체 모르겠다는 둥 아예 실망을 넘어 분노를 표하기도 합니다. 그러나 후배들이 이런 평가를 받는 이유를 곱씹어 보면 그 모든 것이 선배들로 인해 나타난 것임을 인정하지 않을 수 없습니다. 자신은 '바담 풍'이라고 틀리게 발음하면서 너는 바르게 발음해야 한다고 주장하는 모습이 너무 많기 때문입니다. 그 누군가의 선배로서 자신은 막 살면서 후배들을 향해서는 바르게 말하고 행동하라고 다그치는 일은 없는지 늘 돌아보는 것이 필요합니다. 부정적인 이미지를 가졌던 선배를 '반면 거울'로 삼기로 굳게 다짐했지만, 실상은 그와 똑같은 모습으로 변해가는 자신의 모습은 없는지 돌아보는 것 역시 필요합니다.

내가 걸어간 길을 뒤따라오는 누군가가 있다면 나를 따르는 이들이 진정성 있게 나를 신뢰하고 존경하는지 늘 진지하게 자기반성하는 과정이 있어야 합니다. 예수님은 "그러므로 무엇이든지 남에게 대접을 받고자 하는 대로 너희도 남을 대접하라"마태복음 7장 12절고 말씀하십니다. 그분의 가르침대로 아랫사람이 내게 해주기를 원하는 만큼 믿음 안에서 내가 아랫사람을 신뢰해 주고 대접해 준다면 어떤 일이 벌어질까요? 당장은 결과가 나타나지 않을지 모르지만, 그런 배려가 거듭될수록 어느덧 당신을 존경하고 따르는 후배들이 생겨난 것을 발견할 수 있게 될 것입니다.

상전들아 너희도 그들에게 이와 같이 하고 위협을 그치라 이는 그들과 너희의 상전이 하늘에 계시고 그에게는 사람을 외모로 취하는 일이 없는 줄 너희가 앎이라

에베소서 6장 9절

일보다 사람이
나를 힘들게 할 때

관계 회복의 근원이신 하나님!

하나님 앞에 설 수 없는 우리를

그리스도의 보혈로 용서하여 주시고

하나님의 자녀로 삼아 주신 은혜를 감사드립니다.

하나님과 우리 사이에 무너졌던 관계가

오직 은혜로 회복되었음을 기억하며,

삶의 현장에서 겪는 인간관계의 어려움에

관계 회복의 은혜가 부어지길 소원합니다.

갈등을 일으키는 원인이 내게 있다면 깨닫고 변화되게 하시고

상대방에게 있다면 그에게도 동일한 은혜를 주셔서

관용의 마음을 가질 수 있도록 그 마음을 만져 주옵소서.

주님이 만져 주시는 관계 회복의 은혜를 통해

모든 것을 회복시키는 복음을 전할 수 있는 기회도

허락하여 주옵소서.

예수님의 이름으로 기도합니다. 아멘.

일보다 사람이 더 힘들다는 말은 직장인들의 엄살 섞인 푸념이 아니라 실제라는 것이 통계로 드러났습니다. 한 취업 포털 사이트에서 20대 이상 직장인 530명을 대상으로 직장인이 받는 스트레스 현황에 대해 설문조사를 실시한 결과, 직장인의 48.2퍼센트가 직장 내 인간관계가 가장 큰 스트레스라고 응답했습니다. 직장인 2명 중 1명은 일터에서 정작 일보다 사람과의 관계가 힘들다는 것입니다.

주변인들과의 관계가 비틀어지고 어려움이 심하면 화병이나 우울증의 원인이 된다는 것은 주지의 사실입니다. 특별히 일터에서 관계의 어려움이 나타나면 효율성이 떨어지는 것은 두 말 할 필요가 없습니다.

그래서 어떤 상황에서든지 공동체 내에서 인간관계의 어려움 때문에 오는 에너지 낭비를 막기 위해서는 이런 태도를 취하는 것이 중요합니다. 우선적으로 관계를 어렵게 하는 원인이 누구에게 있는지 빨리 파악하는 것입니다. 이때 주의할 점은 지나치게 감정적이 되어서 모든 문제의 원인을 상대방에게 돌려 원망하거나, 반대로 자신의 탓으로 돌려 자책하는 것은 피해야 한다는 것입니다. 상대방의 문제인지, 내 문제인지 파악하는 것이 필요한 것입니다. 만약 나의 편협함, 소심함, 배려 없음, 무관심에 의해 관계가 틀어졌다면 동일한 실수를 반복하지 않도록 주의하는 것입니다.

그런데 관계 문제의 원인 제공자가 상대방일 경우에는 내가 손쓸 수 있는 영역 밖의 일이기 때문에 문제가 다릅니다. 관계 회복 전문가들은 이럴 경우에 상대방의 문제에 나 자신이 부정적인 영향을 받지 않도록 힘써야 한다고 조언합니다. 예를 들어, 인격이 덜된 상대방으로부터 '멍청이'이라는 폭언을 들었다면 욕을 들은 것과 내가 실제로 '멍청이'인 것은 별개입니다. 부당한 대우를 받았다고 해도 스스로가 인정하기 전까지는 내가 그 정도의 사람으로 전락하는 것은 아닙니다. 물론 이 정도의 방법이 모든 인간관계의 해법은 아닐 것입니다. 결국은 기도가 해답입니다. 우리 힘으로 어찌할 수 없는 것들을 하나님의 손에 맡겨 드릴 때 하나님께서 나의 마음은 물론이고 상대방의 마음도 만져 주실 것을 분명히 믿기 때문입니다.

아무에게도 악을 악으로 갚지 말고 모든 사람 앞에서 선한 일을 도모하라 할 수 있거든 너희로서는 모든 사람과 더불어 화목하라

로마서 12장 17-18절

사람들이 나를
이해해 주지 않는다고 생각될 때

누구보다 나를 잘 아시는 하나님,

언제나 품어주시는 그 사랑을 인하여 감사드립니다.

그러나 주님, 사람들과의 관계 속에서

내가 전적으로 받아들여지지 않는 것 때문에

서운함과 고통 중에 있습니다.

지금 무엇을 깨닫게 하기 위하여 이런 때를 허락하시는지

주님의 뜻을 헤아릴 수 있는 성숙함을 허락하여 주소서.

섣불리 서운해하거나 분을 내는 어리석음을 범하지 않게 하시고,

이때를 통하여 하나님이 나를 품어주셨듯이

나를 돌아보고

주님의 용서하심과 용납하심을 닮는 기회가 되게 하소서.

예수님의 이름으로 기도합니다. 아멘.

사람은 누구나 다른 이들로부터 인정받고 격려 받고 칭찬 받기를 원하는 마음이 있습니다. 그런데 그런 기대와는 달리 주변 사람들이 나를 인정해 주지 않고 이해하지 못하는 것 때문에 마음의 눈물을 흘릴 때가 종종 있습니다.

이런 경우 당신의 반응은 어떻습니까? 이 질문에 대한 대답이 어쩌면 나 자신의 성숙도를 가늠하는 잣대가 되는 경우가 많습니다. 그래서 다른 사람들로부터 이해 받지 못하는 상황이 일어났을 때 잠깐 그 서운한 마음을 가라앉히고 한 번 이런 생각을 해보십시오.

'내가 누군가에게 이해 받고 수용되는 것에만 너무 신경을 쓰고 있는 것은 아닐까? 나는 과연 다른 사람을 이해하고 수용하는 데 인색하지 않고 마음 넓은 사람인가?'

만약 이 질문에 제대로 대답하지 못하고 얼굴이 붉어진다면, 자기중심적인 사람일 가능성이 많습니다. 사실 사람은 누구나 본능적으로 자기중심적인 사고를 합니다. 어린아이들에게 이런 모습을 자주 발견할 수 있습니다. 그러나 커가면서 원만한 관계를 위해 자기 자신만을 생각해서는 안 된다는 것을 점점 깊이 배우게 됩니다. 그러면서 상대방의 입장에서 생각하게 됩니다.

그런데 이 훈련이 제대로 되지 않은 채 '성인아이'의 모습으로 남아 있으면 관계의 어려움과 좌절을 경험할 수밖에 없는 것입니다. 만약 인생의 연륜은 쌓이는데 여전히 이해 받기만을 바라고 있다면 역지사지의 배움이 좀 더 필요한 상태입니다. 정말 성숙한 인생을 살고 싶다면 이해 받지 못해 서운한 마음은 빨리 접고, 내가 이해해 주지 못해 혹시 그 마음을 서운하게 만든 이들이 없는지 돌아볼 일입니다. 그 순간 어느새 당신도 사람들에게 이해 받는 사람이 되어 있을 것입니다.

그러므로 무엇이든지 남에게 대접을 받고자 하는 대로 너희도 남을 대접하라 이것이 율법이요 선지자니라

마태복음 7장 12절

모든 사람들에게
잘 보이고 싶을 때

있는 그대로의 나를 사랑하시는 하나님,

자격과 조건을 따지지 않고 부어주시는 그 사랑에 감사드립니다.

세상 그 어떤 이보다 크신 하나님으로부터

세상 그 어떤 사랑보다 큰 사랑을 받음에도 불구하고

세상 모든 이들에게 인정받으려는

헛된 욕심을 부릴 때가 있습니다.

이제 관계완벽주의에 빠져서 다른 사람을 힘들게 하고

자신을 영혼의 감옥에 옭아매는 어리석음에서 벗어나게 하소서.

여전히 자주 실수하고 넘어지지만

하나님이 끝까지 나를 사랑하시고 붙들고 계신다는 진리로 인해

참 자유 속에 거하는 은혜를 허락해 주소서.

예수님의 이름으로 기도합니다. 아멘.

주변 모든 사람들에게 좋은 사람으로 인정받고 싶은 심리를 '관계 완벽주의'라 할 수 있습니다.

정도의 차이는 있지만 사람은 누구나 다른 사람들로부터 인정받고자하는 욕구를 지니고 있습니다. 매슬로Abraham H. Maslow라는 학자가 말해서 널리 알려진 사람의 다섯 가지 욕구-생리적 욕구, 안전 보장의 욕구, 소속의 욕구, 자아 존중의 욕구, 자아실현의 욕구- 가운데 최고 단계의 욕구는 자신이 다른 사람으로부터 관심을 받는 것뿐만 아니라 '능력 있는 사람'이라고 인정받는 것임을 확인할 수 있습니다.

결국 충분한 인정을 받지 못하면 가치 있는 존재가 되고자 하는 욕구는 내면의 불안감으로 이어지고, 스스로의 가치를 증명하기 위해 끊임없는 노력을 하는 쪽으로 발전하는 것입니다. 그러나 중요한 것은 그런 노력 가운데서도 그것이 현실적으로 여러 가지 상황들로 인해 언제나 가능하지 못하다는 것이 사람들을 불안하게 만듭니다.

모든 사람에게 잘 보이고 싶은 욕구-욕망이라고 해야 옳을 듯합니다-를 버리지 못하면, 모든 사람의 시선을 의식해야 하기 때문에 늘 주변의 눈치를 보고 전전긍긍하면서 살아야 하는 한계상황에 직면하게 됩니다. 사실 이 세상에 완벽한 사람이 살았었다는 증거는 그 어디에도 없습니다. 아무리 완벽하고 모든 사람들의 존경을 받았던 인물이라 할지라도 죽음 앞에서는 부족함을 여지없이 드러내는 모습을 보여주었습니다.

그러나 단 한 분 완전한 하나님이자 완전한 인간이신 예수님만이 죽으시고 3일 만에 부활하심으로써 완벽한 삶을 이 세상에서 사신 분입니다. 결국 모든 사람의 기대를 충족시키는 완벽한 사람은 하나님의 아들이신 예수님 외에는 이 세상 어디에도 없었고, 앞으로도 없을 것임을 확신합니다. 그러므로 누구에게나 인정받으려는 욕구를 붙잡고 있기보다는 오히려 나의 불완전함을 수용하고 완전하신 예수님께 나 자신을 맡길 때만이 내 마음속에 평안이 찾아들 수 있습니다.

기억하십시오. 세상 어디에도 완전한 사람은 결코 없습니다. 불완전함을 수용하고 완전하신 예수님을 의지하는 것만이 '관계완벽주의자'를 벗어나 주변 사람들을 수용하고 나도 자유로운 삶을 살 수 있는 비결입니다.

우리가 이 보배를 질그릇에 가졌으니 이는 심히 큰 능력은 하나님께 있고 우리에게 있지 아니함을 알게 하려 함이라

고린도후서 4장 7절

기독교인인
나를 숨기고 싶을 때

모든 영광과 존귀를 받으시기에 합당하신 하나님,

하나님의 자녀이지만 여전히 부족하고 실수투성이인 우리로 인해

세상 사람들에게 조롱 받는 교회의 모습을 보게 됩니다.

이런 상황 속에서 때때로 스스로 하나님의 자녀인 것을 숨기고

부끄러워할 때가 있음을 솔직히 고백합니다.

그러나 이 땅의 교회들이

머리 깎인 삼손처럼 세상의 비난을 받는 자리에 이른 것은

다른 누구의 잘못이 아니라 말씀의 기준을 따라 살지 못한

바로 나의 모습 때문인 것을 솔직하게 고백합니다.

세상의 소금이 아니라 소금통 속의 소금으로,

세상의 빛이 아니라 예배당 안의 빛으로만

머물러 있었던 나의 모습을 용서하여 주소서.

이제부터 어느 곳을 가든지 복음을 부끄러워하지 않고

하나님께 부름 받은 왕 같은 제사장으로서의 소명을 잃지 않고

모든 사람들에게 살아 계신 예수 그리스도의 제자인 것을

당당하게 밝히는 참된 그리스도인이 되게 하소서.

예수님의 이름으로 기도합니다. 아멘.

세상 사람들에게 한국 교회의 신뢰도가 바닥을 치고 있다는 것은 어제 오늘의 일이 아닙니다. 대학 캠퍼스의 복음화를 위해 오랫동안 헌신해온 한 선교단체 간사는 대학생들 사이에서 은둔형 그리스도인이 얼마나 많은지에 대해 그 실상을 이렇게 말해 줍니다.

"지금 캠퍼스에서는 자신이 그리스도인이라는 사실이 공개적으로 알려지면 막 화를 내는 풍토입니다."

안타깝게도 그리스도인의 정체성을 가진 것이 더 이상 자랑스럽지 않고 부끄러운 시대가 되어 버렸습니다. 말과 행실의 불일치, 그 어느 사회 공동체보다 갈등이 많은 공동체, 심심치 않게 일반 언론에 보도되는 영적 공동체의 부끄러운 모습들, 타 종교에 대해서는 비판적이면서도 강압적으로 보이는 선교 방식…. 모든 교회가 그런 것이 아니라 애써 일부 교회의 모습이라고 강변해도 사회적으로 먹히지 않는 분위기입니다. 그러다 보니 세상 사람들과 함께 생활하는 삶의 현장에서 스스로를 그리스도인이라고 밝히기가 여간 껄끄러운 일이 아닙니다.

이런 현실 속에서 어떤 자세를 취하는 것이 지혜로운 것일까요?

흔히 삶의 자리에서 그리스도인으로서의 정체성을 드러내는 것을 꺼리는 이유에 대해 '나 자신의 삶이 뒷받침되지 않기 때문에 하나님이 욕먹지 않을까 해서'라고 강변합니다. 하나님이 무엇이라고 대답하실지 깊이 묵상해 보면 아마 이렇게 대답하실 것입니다.

"내 생각 되게 해 주는구나. 그래도 네가 하나님의 자녀인 것을 공개하면 좋겠어."

삶으로 증명되는 믿음을 갖기 위해서는 먼저 삶의 현장에서 그리스도인의 정체성을 의도적으로 드러내는 것이 훨씬 좋습니다. 그래야 아무 거리낌도 없고 거칠었던 나의 말과 행동이 조금이나마 달라질 수 있는 전제를 가지기 때문입니다. 주님은 분명히 우리를 향해 "세상 속의 빛과 소금"이라고 말씀하셨지, 특정하게 제한된 곳에서만 그리스도인이라고 말씀하신 적이 없기 때문입니다.

성경과 기독교 역사 속에서 반복적으로 확인되는 것은 복음을 부끄러워하지 않고 세상 속에서 소금으로 빛으로 살고자 결단하고 움직였던 믿음의 선조들에게 언제나 하나님은 더 밀도 있게 동행해 주셨다는 사실입니다. 풀무불 속에서까지 함께하셨던 사실을 기록한 구약의 다니엘서는 이를 증언하는 가장 좋은 증명서입니다. 할 수 있는 한 세상 속에서 '소금과 빛'으로 삽시다. 그리고 머리 깎이고 눈알 뽑힌 삼손처럼 조롱 받는 한국 교회에 다시금 하나님의 영광이 나타나도록 회개합시다.

너희는 세상의 빛이라 산 위에 있는 동네가 숨겨지지 못할 것이요 사람이 등불을 켜서 말 아래에 두지 아니하고 등경 위에 두나니 이러므로 집 안 모든 사람에게 비치느니라 이같이 너희 빛이 사람 앞에 비치게 하여 그들로 너희 착한 행실을 보고 하늘에 계신 너희 아버지께 영광을 돌리게 하라

마태복음 5장 14-16절

4부

일터에서의
기도

하루에도 몇 번씩
회사를 그만두고 싶을 때

일할 수 있는 특권을 허락해 주신 주님!

처음 일을 맡았을 때의 감동과 초심을 잃어 버렸습니다.

모든 맡은 일을 주님께 하듯 일하겠다던 열정이

점점 식어가고 있는 저의 상황을 불쌍히 여겨 주소서.

하나님께서 분명 뜻이 있어 세우신 자리에서

날마다 주님께 예배하듯 최선을 다할 때

다시 한 번 가슴 깊이 묵혀 두었던

감사와 기쁨이 솟아날 줄 믿습니다.

초심을 다시 회복하여 열심을 가지고 일할 수 있는 은혜를 주시고

그 과정에서 뒷심도 발휘하여

모든 일을 진행하는 과정에서

주변 모든 사람들에게 인정받는 은혜를 함께 허락해 주소서.

예수님의 이름으로 기도합니다. 아멘.

전도서 3장 22절에는 "그러므로 나는 사람이 자기 일에 즐거워하는 것보다 더 나은 것이 없다"라는 말씀이 기록되어 있습니다. 현재 자신의 직업과 주어진 일에 대해 보람을 느끼고 감사해하는 것만큼 좋은 일이 없다는 말입니다. 그러나 대부분의 사람들은 자신의 직업과 일에 대해 만족하지 못하는 게 사실입니다. 재미있는 사실은 많은 사람들이 선망의 대상으로 여기는 직종에 있는 이들조차 자신의 일에 대해 만족하지 못하고 있다는 것입니다. 실제로 신문, 방송, 통신 등 언론계 종사자의 절반 가까이가 타 직종으로 이직을 고려하고 있다는 전국언론노동조합의 조사 결과도 있습니다. 그래서인지 주변의 많은 사람들이 반복되는 일상 속에서 권태감을 이기지 못해 떠나고 싶다고 이야기를 합니다. 어쩌면 주변 사람의 이야기가 아니라 이것은 지금 바로 나의 이야기일 수도 있겠지요.

그러나 지혜로운 사람들은 '처음 마음을 유지하면 못할 것이 없다'고 조언합니다. '초발심初發心'을 회복하라는 것입니다. 처음 간 여행지에서 생경함과 흥분을 가지고 사방을 두루 살피듯이, 또 만나고 싶었던 사람과 처음 만나 대화할 때 가졌던 그 설렘의 초심을 늘 유지하기만 한다면 일상적으로 반복되는 일도 달라질 것이 틀림없습니다. 지금 하고 있는 일이 비슷한 이력을 가진 동료나 친구들에 비해서 초라한 일이라고 여겨지고, 너무 반복적인 일처럼 여겨져서 처음 일을 맡았을 때의 감사하는 마음이 사라져 버렸다면 다시 한 번 깊은 마음의 우물에서 초심을 건져 올려 보십시오. 그리고 이 '초심'이 '열심'으로 이어지고, 끊임없이 '뒷심'을 발휘할 수 있도록 기도해 보십시오. 아마 내일 당신이 앉거나 서 있어야 할 자리는 새로움과 기쁨을 누리는 자리가 될 것입니다.

그러므로 나는 사람이 자기 일에 즐거워하는 것보다 더 나은 것이 없음을 보았나니 이는 그것이 그의 몫이기 때문이라 아, 그의 뒤에 일어날 일이 무엇인지를 보게 하려고 그를 도로 데리고 올 자가 누구이랴

전도서 3장 22절

리더로
세워졌을 때

비움과 섬김으로 리더의 본을 보이신 주님!

나와 함께한 형제자매들을

나의 목적 달성의 수단으로 대하지 않게 하소서.

언제나 주님의 형상으로 인식하며

오히려 섬김과 낮아짐으로

선대하는 마음과 자세를 잊지 않도록 도와주소서.

이를 통해 윗사람과 동료들,

그리고 나를 따르며 바라보는 모든 지체들이

나의 삶을 통해 주님의 모습을 보게 하셔서

궁극적으로 주님의 영광이 드러나는

아름다운 결과가 맺히게 하소서.

예수님의 이름으로 기도합니다. 아멘.

"돌 던지던 자리에 있다가 어느 순간 눈을 떠 보니 돌 맞는 자리에 와 있더라"는 우스개 같은 말이 있습니다. 나이를 먹어가면서 본의는 아니지만 가정은 물론이고 이런 저런 공동체에서 리더 역할을 감당해야 하는 경우가 종종 생깁니다. 그런데 문제는 리더의 자리에 세워졌기는 하지만 그 역할을 제대로 수행하지 못해서 자신은 물론이거니와 공동체도 힘들게 하는 경우가 많습니다. 실제로 많은 리더들이 권위와 권위주의를 혼동하여 지도력을 제대로 행사하지 못하는 경우가 많습니다. 사실 권위 자체가 나쁜 것은 아닙니다. 문제는 지도자들이 권위를 유지하기 위해서 가정이나 자신이 속해 있는 공동체에서 어디에서부터 권위가 형성되고 나오는지 자주 잊어버리는 데 그 원인이 있습니다.

이런 문제를 어떻게 해결할 수 있을까요? 우리의 해답은 언제나 예수님께 있습니다. 우리 삶의 기준이 되는 예수님은 지도자의 권위는 철저히 삶에 뿌리를 박고 있을 때 자연스럽게 흘러나오는 것임을 가르쳐 주십니다. 복음서는 겸손과 섬김의 삶을 사신 주님을 보여줍니다. 결국 권위는 말이 아니라 삶이라는 것입니다.

어지간한 직책이나 타이틀 하나로도 사람들이 쉽게 순복했던 시절이 있었습니다. 그러나 이제는 어림도 없는 상황입니다. 직책이나 지위, 타이틀로는 더 이상 먹히지 않는 시대가 온 것입니다. 지위와 자리 자체가 주는 힘과 권력으로 공동체 구성원들 위에 군림하던 시대는 지났습니다. 이제는 비움과 섬김이 동반된 삶의 리더십만이 통하는 시대가 되었습니다. 더 이상 "내가 행동하는 것은 따라하지 말고 말하는 대로만 해"라고 외치던 시대는 끝났습니다. 리더로 서 계십니까? 진정한 리더십은 지위가 아니라 영향력을 행사하는 것이고, 명령으로 권위를 세우는 것이 아니라 철저히 삶에 근거를 두고 있다는 사실을 깨닫는 것이 무엇보다 중요합니다.

너희 중에는 그렇지 않아야 하나니 너희 중에 누구든지 크고자 하는 자는 너희를 섬기는 자가 되고 너희 중에 누구든지 으뜸이 되고자 하는 자는 너희의 종이 되어야 하리라 인자가 온 것은 섬김을 받으려 함이 아니라 도리어 섬기려 하고 자기 목숨을 많은 사람의 대속물로 주려 함이니라

마태복음 20장 26-28절

일터에서
인정받지 못해 힘들 때

살아 계신 하나님!

함께 일하는 이들이

저를 이해하지 못하는 어려운 상황을 만나고 있습니다.

때로는 오해도 있습니다.

그러나 실망하지 않고 하나님의 인정하심을 기대하며

제가 서 있어야 할 자리에 더욱 신실하게 서 있기를 소원합니다.

힘든 상황이지만 먼저 인정받거나 칭찬 받기 이전에

동료들을 인정하고 칭찬하는 데 익숙해지게 해주시고,

시간이 걸리겠지만 인내하는 과정을 통해서

동료들 역시 저를 이해하고 인정해 주는 역사가 있게 하소서.

예수님의 이름으로 기도합니다. 아멘.

바다에서 가장 무서운 육식동물로 알려진 고래는 범고래라고 합니다. 그런데 범고래는 바다 수면에서 높이 뛰어오르는 묘기로 많은 사람들을 즐겁게 하는 재주가 있습니다. 범고래가 이런 묘기를 보이는 바로 칭찬 때문이라고 합니다. 예전에 『칭찬은 고래도 춤추게 한다』라는 책이 출간이 되어 큰 센세이션을 불러일으킨 적이 있습니다. 긍정적 태도와 칭찬의 효과에 대한 작가의 재치 있는 스토리텔링이 돋보인 책이었습니다. 게다가 칭찬에 목말라하는 사람들의 공통된 심리도 이 책의 인기에 크게 한 몫을 했습니다.

심리학자들은 사람의 내면에는 누군가에게 인정받고 칭찬 받고자 하는 욕구가 들어 있다고 지적합니다. 그런데 현실은 정반대입니다. 칭찬과 비판의 구성 비율은 거의 2대 8입니다. 이런 상황 속에서 나름 최선을 다해 일하지만 칭찬과 격려가 비껴나간 상황 속에서 위축될 수밖에 없는 것이 현실입니다.

그런데 가만히 보면 하나님의 아들이신 예수님께서도 공생애 기간 동안 인정과 칭찬은 고사하고 배척과 비판의 칼날 위에 서 계신 것을 확인할 수 있습니다. 세상의 인정과 칭찬은커녕 조롱과 멸시 속에 십자가를 지셨습니다. 그럼에도 불구하고 묵묵히 하나님의 인정하심만을 바라고 자신이 걸어가야 할 십자가의 길을 가신 분이 주님이십니다. 아담의 타락 이후 악의 보편성에 물든 세상 사람들은 칭찬과 격려보다는 비판에 익숙해져 버렸습니다. 그러므로 바르게 일하고 진정성을 가지고 일하는데도 비판을 받고 있다면 적어도 하나님께서는 나의 상황을 반드시 알아주실 것이라는 믿음이 필요합니다.

현실적으로 또 하나 기억해야 할 것은, 비판이 충만한 공동체이지만 그 속에서 먼저 상대방을 칭찬하는 훈련이 필요합니다. 흔히 칭찬 받지 못하는 사람들은 칭찬을 하는 데에도 인색한 경우가 많습니다. 그러나 내가 먼저 상대방의 장점과 강점을 인정하고 칭찬해 준다면, 그리고 감사를 표현한다면 언젠가 그 칭찬은 자신에게로 반드시 돌아오는 '칭찬의 선순환'이 일어나게 되는 것입니다. 바로 지금 곁에 있는 사람에게 한 번 실천해 보는 것은 어떨까요? 그래서 비판의 문화를 사나운 범고래도 춤추게 한다는 칭찬과 격려로 조금씩 바꾸는 것입니다.

서로 돌아보아 사랑과 선행을 격려하며

히브리서 10장 24절

1등이 아니라서
괴로워질 때

사랑의 아버지 하나님!

모두가 성공을 향해 줄달음치는 상황 속에서

저는 지금 잊히고 버림받은 존재입니다.

그러나 하나님의 절대 주권을 믿으며

내가 계획하는 모든 것을 내려놓습니다.

겸손히 내려놓고 주신 재능을 소멸시키지 않고 최선을 다할 때

모든 것을 세우기도 하고 없애기도 하시는 하나님의 은총이

저를 가장 적절한 자리에 세우실 줄 믿습니다.

안개 같은 인생길에서 진정한 성공의 의미를 깨달으며

날마다 하나님의 주권을 통해

성숙하고 창대하게 되는 은혜를 덧입게 하소서.

예수님의 이름으로 기도합니다. 아멘.

　한때 '1등만 기억하는 더러운 세상'이라는 유행어가 큰 인기를 끈 적이 있습니다. 한 개그맨의 이 말이 우리 사회에 대한 통쾌한 풍자로 아직도 많은 사람들에게 회자되곤 합니다. 정말 우리 사회는 할 수 있는 한 최고가 되어야 한다는 의식을 가지고 성공을 위해서라면 수단과 방법을 따지지 않는 행동을 서슴지 않는 모습을 이곳저곳에서 보여주고 있습니다. 그러나 세상 사람들 모두가 하나같이 '1등 증후군'과 성공지상주의에 매몰되어 살아간다 할지라도 그리스도인이라면 진정한 성공에 대한 기준에 대해 고민해 보아야 합니다.

　세상이 말하는 성공한 사람은 남들보다 공부를 많이 하고, 재주가 많고, 빠른 속도로 높은 자리에 오르고, 경제적으로 풍요롭고, 남들보다 강한 존재입니다. 그러나 그리스도인으로서 성공했다는 것은 꼭 돈을 많이 벌고 다른 사람보다 우위에 있는 것만을 의미하지는 않습니다. 그리스도인으로서 성공한 사람이란 자신의 우월함을 주변 사람들에게 보여주는 사람이 아니라 자신으로 인해 다른 사람들도 복을 얻게 하는 사람을 뜻합니다. 하나님은 1등만 기억하는 분이 아니라 2등과 3등, 꼴찌까지도 그 재능을 맞게 하나님 나라를 위해 사용하시는 분입니다. 이런 의미에서 우리에게 『전능자의 그늘』이라는 책을 통해 잘 알려진 짐 엘리엇 선교사의 고백은 그리스도인들로 하여

금 어떤 것이 진정한 성공인가를 깊이 묵상하게 만듭니다.

"주님, 성공하게 하소서. 높은 자리에 오른다는 뜻이 아니라 제 삶이 하나님을 아는 가치를 드러내는 전시품이 되게 하소서."

비록 세상 사람들의 눈으로 볼 때에는 최고의 자리에 오르지 못했더라도 다른 사람들에게 선한 영향력을 발휘하며 겸손하게 최선을 다하는 사람이 진정 성공한 사람이라는 의식과 자세가 그 어느 때보다 필요하다는 것을 절감합니다.

그가 세움을 받으리니 이는 그를 세우시는 권능이 주께 있음이라

로마서 14장 4절

현재 서 있는 자리에서
의미를 찾고 싶을 때

우리를 통해 이 땅의 모든 사람들이

하나님 앞으로 돌아오기를 소원하시는 주님!

주님의 마음을 시원하게 해드리는 사람이 되고 싶습니다.

내가 서 있는 이곳이 바로

하나님의 깊은 계획과 뜻 가운데

특별하게 구별해서 세워주신

땅끝이며 거룩한 곳임을 깨달아 아는

진정한 의미의 땅끝의식을 소유하게 하소서.

부르신 곳에서 때를 얻든지 못 얻든지

생활예배자로 그리스도의 복음을 전하는

땅끝 증인이 되게 하소서.

예수님의 이름으로 기도합니다. 아멘.

직장인 가운데에는 일에 일을 더하는 상황 속에서 "과연 무엇에 우선순위를 두고 살아야 할 것인가?"라는 질문조차 감히 던질 수 없는 '일의 쓰나미' 속에 파묻혀 있는 사람들이 참 많습니다. 이런 이들에게 그리스도인으로서 세상이 요청하는 일에 대해서도 충실해야 하지만 동시에 영적인 부르심도 잊지 않고 복음전도자의 삶을 실천해야 한다고 요청하는 게 개미허리에 돌을 얹는 일 같아 보여 그리 쉽지 않습니다. 그래서 '땅끝까지 이르러 복음의 증인이 되어야 한다'는 선교적 사명은 알지만 땅끝을 향해 가고 싶어도 도저히 시간이 나지 않는다는 것입니다.

충분히 이해할 수 있습니다. 그런데 하나님 나라를 확장하는 선교적 사명을 제대로 수행하기 위해서는 '땅끝'이 어디인가에 대한 이해가 정말 중요합니다. 만약 땅끝이 어느 특정 지역을 의미하는 것이라면 우리 모두는 지금 당장이라도 몸담고 있는 직장이나 하고 있는 모든 일들을 그만두고 그 곳을 향해 달려가야만 합니다. 그러나 이것은 선교적 사명을 완전히 오해한 것입니다. 그렇다면 성경적 의미에서 땅끝은 어디일까요? 그 곳은 바로 다름 아닌 '지금 내가 서 있는 곳'입니다. '내가 서 있는 곳이 바로 땅끝이고, 내가 오늘도 복음을 전해야 할 선교지다'라는 인식을 가질 때 비로소 우리는 자신이 서 있는 곳에서 선교적 사명을 감당하며 살아갈 수 있습니다. 적어도 우리가 속해 있는 곳에서 우리의 삶과 하고 있는 일을 통해 하나님의 위대하심이 증명된다면, 또한 그것을 통해 주변 사람들이 복음에 대해 관심을 갖게 된다면 그것이 바로 '땅끝 증인'이 되는 길입니다. 하나님 나라가 이 땅에 임할 수 있도록 서 있는 그 곳, 하나님께 부름 받은 그 자리에서 선교적 삶을 실천하는 것이 중요한 것입니다.

하나님이 이르시되 이리로 가까이 오지 말라 네가 선 곳은 거룩한 땅이니 네 발에서 신을 벗으라

출애굽기 3장 5절

일과 개인적인 삶의 균형이
깨어질 때

참된 안식을 허락하시는 하나님 아버지,

매일같이 이어지는 일의 파도 속에

몸과 마음이 지쳐갑니다.

불쌍히 여겨 주소서.

저녁이 있는 삶을 살기 위해 몸부림치지만

참된 안식을 누린 지가 까마득한 상황입니다.

이런 환경 속에서 낙심하지 않고

다시 삶의 균형을 찾을 수 있도록 도와주시기를 간구합니다.

수고하고 무거운 짐진 자들의

모든 짐을 벗겨주시는 주님 안에서

참된 안식을 누리게 하소서.

나아가 근로자들과 기업과 정부가

'일과 삶의 균형 문제'를 잘 다루어

근로자들의 근무 환경이 근본적으로 개선되는

은혜를 허락하여 주소서.

예수님의 이름으로 기도합니다. 아멘.

"열심히 일한 당신, 떠나라."

수년 전 어느 카드회사 광고 카피가 유행어처럼 사람들의 입에 오르락내리락했습니다. 도심의 일터에서 잠시라도 벗어나 지극히 개인적 공간에서 휴식을 취하고 사람들의 공통의 심리를 잘 표현한, 이제는 관용구처럼 쓰이는 말입니다. 그런데 현실은 전혀 다릅니다. "열심히 일한 당신, 떠나라"가 아니라 "열심히 일한 당신, 더 열심히 일하라"입니다. 매일 야근에다 주말도 쉬지 못하는 월화수목금금금의 생활이 계속 이어지면 삶 자체가 마치 일의, 일에 의한, 일을 위한 것처럼 느껴지기도 합니다. 이쯤 되면 '일과 삶의 균형'에 대해 생각하지 않을 수가 없습니다. 사실 일과 삶을 완전히 분리해서 균형을 이룰 수 있다는 것은 말이 쉽지 너무 어렵습니다. 또 '떠남'을 통해 균형을 찾고는 싶지만, 떠날 수 없는 현실에 처한 사람에게 계속 '떠나라'고만 이야기하는 것도 불난 집에 부채질하는 격입니다.

결국 상황을 대대적으로 바꿀 수 없다면 인식을 바꾸는 편이 훨씬 효과적이고 실제적입니다. 일주일 중 하루를 정해서 그날 1시간의 시간을 내어 가족들과 함께 저녁 식사를 한다든지, 아이들과 시간을 보낸다든지, 운동을 한다든지 등의 작은 목표를 세워 실천해 보는 것입니다. 또한 업무 시간에 소셜 서비스 사용과 같은 개인적인 일을 줄이고, 퇴근 후에는 컴퓨터와 핸드폰을 멀리하는 것도 방법입니다. 한 가지 제안을 더하면 하루를 말씀 묵상과 기도로 시작하는 것입니다. 이것은 일과 삶의 균형을 깨뜨리는 가장 큰 요소인 불안감을 줄여줄 것입니다. 앞서 언급한 방법들은 작은 방법입니다. 그러나 이룰 수 없는 허망한 계획을 세우기보다 날마다 이룰 수 있는 세 가지 목표를 세우는 것이 일과 삶의 균형을 찾는 것에 도움이 될 것입니다.

수고하고 무거운 짐 진 자들아 다 내게로 오라

내가 너희를 쉬게 하리라

마태복음 11장 28절

익숙하지 않은 상황에
직면했을 때

모든 만물을 새롭게 하시는 하나님,

낯선 것에 대한 두려움과

익숙한 것에 대한 편리함을 추구하는

나의 모습을 자주 발견합니다.

그러나 지금 원치 않았던

낯선 상황을 마주할 수밖에 없는 현실을 맞이했습니다.

익숙하지 않은 일이 맡겨져서

설렘보다는 걱정이 앞섭니다.

당차게 거부할 수도, 흔쾌히 수용할 수도 없는 상황 속에 서 있는

답답한 나의 현실을 불쌍히 여겨 주소서.

그러나 모든 것을 합력하여 선을 이루시는 하나님을 신뢰하며

담대하게 도전할 수 있는 용기를 주소서.

이 도전을 통해 한 단계 더 도약하는 은혜를 허락하여 주소서.

예수님의 이름으로 기도합니다. 아멘.

한 취업 포털 사이트의 조사에 따르면 조기 퇴사자-신입사원 중 1년 이내 퇴사한 사람-의 비율이 10명 중 3명인 것으로 나타났습니다. 중소기업 신입사원은 35.8퍼센트, 대기업은 18.8퍼센트가 1년 이내에 퇴사했고, 퇴사자들은 '직무와 맞지 않아서'를 퇴사 이유 1순위로 꼽았습니다.

바늘구멍 같은 취업문을 통과해서 입사를 했지만, 처음부터 전공과 전혀 관련 없는 일을 맡게 되면 의욕이 확 꺾이기 마련입니다. 게다가 상명하복의 직장 분위기에 압도되면 신입사원의 패기는 어느새 눈 녹듯 사라져 버리게 됩니다. 그러나 퇴사 고민은 비단 신입사원만의 것이 아닙니다. 회사 생활 경험이 많은 이들도 인사 이동 시기가 되면 낯선 환경에서 낯선 업무를 맡게 될지도 모른다는 불안감에 신경이 예민해지는 것이 현실입니다. 물론 개인의 선택에 따라 새로운 상황에 직면하는 이들도 있지만 이렇듯 부서의 이동, 회사의 분할과 합병, 또 자영업을 하는 사람들은 개인의 의지와 상관없이 변화를 온몸으로 맞이해야 하는 일들로 인해 삶 전체가 헝클어지기도 합니다.

그러나 이런 변화 속에서도 꼭 기억해야 할 말이 있습니다. "탈피하지 않는 뱀은 죽는다"는 원칙입니다. 변화란 어찌 보면 당연하고 자연스러운 현상입니다. 매일 반복되는 일상이 지겹다고 하지는 않았던가요? 새로운 업무가 주어졌다면, 그리고 피할 수 없는 일이라면 노력을 통해 적응하는 수밖에 없습니다. 그 과정에서 새로운 영역을 나의 주특기로 만들 수 있는 절호의 기회도 가질 수 있습니다. 니체는 "습관은 손을 기민하게 만들지만 생각은 무디게 한다"고 했습니다. 낯선 업무와 상황이 주어졌다면 무뎌진 생각의 날을 다시 예리하게 할 수 있는 절호의 기회로 생각하는 것은 어떨까요? 변화를 어떻게 받아들이느냐에 따라 새로운 경험이 자산이 되기도 하고 위기가 되기도 할 것입니다.

여호와께서 아브람에게 이르시되 너는 너의 고향과 친척과 아버지의 집을 떠나 내가 네게 보여 줄 땅으로 가라

창세기 12장 1절

소속된 공동체에서
잉여처럼 느껴질 때

하나님 나라의 백성으로 삼아주신 하나님,

내가 지금 소속된 곳에서

진한 유대감과 소속감을 느끼지 못하고 살아가는

저를 불쌍히 여겨 주소서.

꼭 필요한 사람이라는 의식이 희박해지면서

사람들을 사랑하는 것도 점점 어려워지는 것을 느낍니다.

그러나 주님,

현실과 상관없는 부정적 감정의 노예가 되지 않고

그 감정 때문에 불필요하게 시간 낭비하지 않도록

연약한 저의 마음을 지켜 주소서.

천하보다 귀한 하나님의 자녀로서의 자긍심을 갖게 하시고

주님이 주신 그 자부심으로

오늘도 발걸음이 머무는 곳마다 자신감 있게

하나님께서 주시는 새로운 희망을 보며,

예비해 두신 새로운 동역자를 만나는 기쁨을 누리게 하소서.

예수님의 이름으로 기도합니다. 아멘.

어디를 가든지 꼭 필요하고 요긴하게 자신의 은사를 펼치는 사람들이 있습니다. 이런 사람들은 자신의 존재 가치를 인정받고 있다는 사실에서 언제나 자신감이 넘칩니다. 그러나 자신의 존재가 다른 사람에게 도움이 되는지, 자신이 회사에 꼭 필요한 사람인지 미심쩍을 때 오는 자괴감은 모든 상황을 꼬이고 어렵게 만듭니다. 특히 자신이 맡고 있는 역할과 일에서만큼은 "당신이 이 일의 적임자야"라는 말을 듣고 싶은 것이 사실이지만, 그렇지 않다는 느낌을 받을 때 완전히 자신감을 잃어버리게 됩니다. '내가 지금 이 자리에 있는 것이 맞는 건가? 이 일이 무슨 의미가 있는 것인가?' 하는 생각이 들면 그때부터 일의 능률도 오르지 않습니다. 시쳇말로 뼈를 묻어야 하는 곳인지, 내일 떠나야 할 곳인지 확신이 서지 않으면 일이 손에 잡히지 않는 것이 어찌 보면 당연합니다.

하지만 이런 생각이 들수록 감정과 현실을 반드시 분리해서 생각하는 것이 절대 필요합니다. 칭찬에 인색한 독특한 우리 문화의 현실을 인정해야 합니다. "당신이 꼭 필요해"라는 말이 없다고 해서 그것을 "당신은 우리 공동체에 필요하지 않아"라고 확대 해석해서는 안 됩니다. 무엇보다 자기 자신에 대해 자긍심을 가질 필요가 있습니다. 자긍심은 교만과는 다릅니다. 교만은 하나님이 싫어하시지만, 자긍심

은 하나님의 자녀가 마땅히 가져야 할 마음입니다. 당신은 당신이 생
각하는 것보다 썩 괜찮은 사람입니다.

이사야 49장 15절

옳지 않은 일을 하도록
지시 받았을 때

공의의 하나님,

선한 자들과 마음이 정직한 자들에게 선대하시는 줄 믿습니다.

그러나 주님,

일터의 현장에서 마음 지키기가 참으로 어렵습니다.

부정하고 부당한 일을 지시하는 윗사람 앞에서,

관행이라고 하면서 자연스레 처리하는 동료들 곁에서

홀로 두렵고 외로울 때가 있습니다.

주님,

악인의 꾐이 올 때에 분별할 수 있는 지혜를 주시고,

거절할 수 있는 용기를 주시고,

더 나아가 불의가 원칙이 되어 버린 직장에

하나님 나라의 원칙이 세워지는 데 내가 사용될 수 있도록

굳센 믿음을 허락하여 주소서.

예수님의 이름으로 기도합니다. 아멘.

누구에게나 그렇듯 일터의 현장이 자신에게 딱 맞는 경우는 드뭅니다. 때로 부당한 대우를 받아도 그래도 이 정도면 괜찮은 거라고 자기 위안을 하면서 꾹 참고 직장을 다니고 일하는 것이 세상의 형편입니다. 그런데 일터의 방침이나 일반적인 상황이 성경의 가르침과 상충이 될 때는 정말 어떻게 해야 될지 고민입니다. 실례로 회사를 다니는 경우 좋은 보직을 보장 받고, 빠른 승진을 위해 다른 경쟁자들처럼 상사에게 선물 공세를 한다든지, 아부를 한다든지 하는 것은 손해를 감수하고 안할 수 있습니다. 그러나 윗사람이나 회사가 부당한 일을 지시하고 강요한다면 이것은 그냥 꾹 참고 넘어갈 수 있는 차원의 문제가 아닙니다. 상사가 탈세의 방법을 조사하고, 회계 장부를 조작하고, 뇌물을 제공하면서 특혜를 받아내는 일 등에 협조할 것을 지시한다면 단호히 거절할 수 있는 부하 직원이 몇이나 있을까요? 거절하면 상사의 눈 밖에 날 것이고, 조직 내에서 소외되고 심지어 부당 해고까지 당할 수 있는 상황이 펼쳐질 것이 불 보듯 뻔한데, 아무리 신앙이 좋은 그리스도인이라고 해도 고민이 되지 않을 수 없습니다.

가장 좋은 그림은 그런 불의한 접근을 사전에 차단하는 것입니다. 그러기 위해서는 평소에 자신의 컬러를 확실히하는 것이 필요합니다. 즉 정직한 기독교인의 이미지를 평소 주변 사람들에게 확실히 심어주는 것입니다. 그러면 부정한 일에 끌어들이려 했다가 오히려 더 큰 어려움이 있을지도 모른다는 생각에 접근 자체를 하지 않을 것입니다. 그럼에도 불구하고 부정직하고 부정의한 일에 관련된 일을 지시받을 때에는 손해를 감수하더라도 거절하는 것이 필요합니다. 더 나아가 점진적으로 직장 내 구조악의 문제에 직면하여 그것을 개선하기 위한 노력 역시 병행하는 것이 필요합니다. 외면하고 회피하는 것만이 능사는 아닙니다. 지금 당장 말단 직원의 위치에 있다면 어찌할 수 없는 문제이겠지만, 자신의 일터에 하나님 나라의 원리가 실현되기 위해 인내함으로 기도하면서 노력하는 것은 그리스도인에게 주어진 책무입니다. "선을 행하되 낙심하지 말지니 포기하지 아니하면 때가 이르매 거두리라"갈라디아서 6장 9절는 말씀을 붙들고 말입니다.

복 있는 사람은 악인들의 꾀를 따르지 아니하며 죄인들의 길에 서지 아니하며 오만한 자들의 자리에 앉지 아니하고 오직 여호와의 율법을 즐거워하여 그의 율법을 주야로 묵상하는도다

시편 1편 1-2절

공동체 문화가
나를 시험 들게 할 때

한 사람 한 사람을 부르시고 세우시고 보내시는 하나님,

오늘도 저를 부르시고 세우셔서 세상 속으로,

일터의 현장 속으로 보내신 줄 믿습니다.

여러 가지 바쁜 상황이 있지만

하나님이 부르셨다는 소명의식과

보냄을 받아서 복음적 사명을 감당해야 한다는 것을

늘 잊지 않고 실천할 수 있도록 도와주소서.

회사 문화를 비롯해서 수시로 마주하는 직장 내 세속 문화에

동화되지 않도록 마음을 지켜 주시고,

자리를 회피하는 소극적 신앙의 자세에 머물러 있지 않고,

적극적으로 문화를 변혁하고 선도할 수 있는

지혜를 허락하여 주소서.

시험에 들 만한 자리에서 오히려 선한 영향력을 발휘하는

믿음의 사람 되게 하소서.

예수님의 이름으로 기도합니다. 아멘.

미국 CNN 방송이 한국의 특이한 회식 문화에 대해 흥미 있는 보도를 한 적이 있습니다. '회식'이란 원래 '동료들과 함께하는 식사'인데, 실제로는 음주 파티가 된다고 지적을 했습니다. 그런데 술을 못 마시는 경우에는 흑기사남성나 흑장미여성에게 대신 술을 마셔 달라고 구원을 요청할 수 있지만, 엉덩이로 이름 쓰기 등의 벌칙이 뒤따르기 때문에 그마저도 곤욕스럽다는 내용이었습니다.

아마 그리스도인 직장인들이라면 공감할 수밖에 없는 내용입니다. 직장 내 인간관계나 과도한 업무 때문에 스트레스를 받는다고는 하지만, 그리스도인 직장인들에게 있어서 가장 큰 스트레스를 받는 상황은 오히려 퇴근 후 회식 자리일 것입니다. 퇴근 시간이 다 되어 직장 상사가 "오늘 저녁 회식이다"라고 말하면 그 때부터 벌써 머리가 지끈거리고 가슴이 답답해집니다. 회식 자리로 둔갑한 술자리에서 오늘은 어떤 핑계를 대고 술잔을 거절하면서 신앙의 양심을 지켜야 할지 염려가 됩니다. 아니면 성경에서 술 취하지 말라고 했지, 술 마시지 말라고 한 것은 아니니 적당히 한두 잔만 받으면 되는지 벌써부터 복잡한 생각으로 마시지도 않은 술에 취한 것 같은 기분이 들 것입니다.

그렇다면 회식 자리에서의 곤혹감에서 어떻게 벗어날 수 있을까요? 그리스도인 직장인들이 보통 술자리에서 어려운 까닭은 애매한 자세를 취하기 때문입니다. 분위기를 깨지 않을까 하는 지레짐작, 왕따가 되지 않을까 하는 염려로 당당하게 그리스도인임을 밝히지 못하기 때문에 겪는 어려움이 더 많다는 것이 오랜 시간 직장 생활을 한 선배들의 전언입니다. 당당하게 그리스도인으로서의 정체성을 밝힌 후 술을 마시지 않으면서도 분위기를 잘 맞춰 주고, 술에 취한 동료들을 끝까지 챙겨 준다면 술을 마시지 않기 때문에 왕따 당하지 않을까 하는 생각은 기우에 불과하다는 것입니다. 물론 맨 정신으로 술 취한 동료들과 상사들을 대하는 것이 쉽지는 않을 것입니다. 그러나 생각을 바꾸면 회식 자리는 그리스도인의 구별됨이 유별남이 아니라는 것을 보여줄 수 있는, 즉 그리스도인으로서 선한 영향력을 끼칠 수 있는 절호의 기회라는 사실을 기억하며 감당해야 할 것입니다.

일어나라 빛을 발하라 이는 네 빛이 이르렀고 여호와의 영광이 네 위에 임하였음이니라

이사야 60장 1절

5부

내면세계를 위한 기도

공평과 정의를
실천해야 할 때

주님의 십자가를 통해 우리를 의롭다고 인정해 주신 하나님!

하나님의 의로우심과 선하심을

선물로 받게 하신 것을 찬양 드립니다.

자기의 이익을 내려놓고

하나님의 공의를 위해 사는 자들을 허락해 주셔서 감사드립니다.

그러나 그들이 영광을 얻기보다 고통당하는 것을 볼 때마다

공평과 정의를 실천해야 할 순간에

포기하고 도망쳐 버리고 싶은 때가 한두 번이 아닙니다.

그러나 의를 위해 핍박당하는 자는 복이 있다고 하신

주님의 말씀을 기억하며

힘들지만, 정말 힘들지만 좀 더 정직하게, 좀 더 바르게,

좀 더 적극적으로 정의를 실천할 수 있도록

성령님의 도우심을 다시 한 번 간구합니다.

그래서 할 수 있는 한 부르신 곳에서

하나님이 공의로 다스리는 하나님 나라가 세워지게 하시고

주님 나라가 속히 이 땅에 임하는 놀라운 역사가 일어나게 하소서.

예수님의 이름으로 기도합니다. 아멘.

공평함과 의로움에 대해서 우리 시대의 사람들은 굉장히 관심이 많습니다. 그런데 이상한 것이 있습니다. 모든 사람들이 공평함과 의로움에 관심을 두고 공정사회를 이루는 것에 집중하지만 왜 여전히 우리 사회에서는 공평함과 진정한 정의를 경험할 수 없는 것일까요? 가만히 보면 대답은 의외로 간단합니다. 공평과 정의에 관심은 있지만, 그 관심이 자신의 문제와 직접 관련된 것에 한정되어 있기 때문입니다. 조금이라도 자신에게 불이익이 올 경우에는 그동안 부르짖던 사회 정의는 휴지 조각의 가치도 부여 받지 못합니다. 그리고 자신과 직접 관련이 없는 문제에 대해서는 눈을 감아 버리는 이중적인 태도가 내면의 세계 속에 보일 듯 말 듯 깔려 있는 것입니다.

그리스 신화에 프로크루스테스란 인물이 있습니다. 그는 자신의 땅을 지나는 사람들을 잡아 쇠 침대에 눕히고 그 몸이 침대보다 짧으면 몸을 늘여 침대 길이에 맞추고 길면 침대 길이에 맞도록 잘라 버리는 일을 했습니다. 가만히 보면 오늘날에도 '프로크루스테스의 침대'는 여전히 존재합니다. 하나님이 세우신 '공법과 정의'를 따르기보다는 프로크루스테스처럼 자신이 세운 기준을 따라 공의를 굽게 만들어 버리는 사람들을 종종 만납니다. 자기중심적인 안경을 쓰고 상황을 살피고 판단하며 모든 것을 재단해 버립니다. 이런 사람들이 사

는 세상이 공의로운 세상으로 변화되는 것을 기대하는 것은 망상입
니다. 결국 나 중심에서 하나님 중심으로, 나의 잣대에서 하나님의 잣
대로 이동하는 코페르니쿠스적인 의식의 전환과 삶의 전환이 없으면
공정하고 공평한 세상은 결코 오지 않을 것입니다.

공의와 정의를 행하는 것은 제사 드리는 것보다 여호와께서 기쁘게 여
기시느니라

잠언 21장 3절

세상 속에서 그리스도인다움이
무엇인지 궁금해질 때

우리로 하여금 삶 속에서

빛과 소금이 되라고 명령하신 주님!

세상 속에서 아무런 저항감을 느끼지 않고 살아갈 수 있는 것은

제가 서 있는 삶의 현장에서 하나님의 말씀대로 살아가기 위해

발버둥치지 않고 타협하기 때문인 것을 고백합니다.

일상 속에서 세속의 상식과 기준대로 살아가라는

끊임없는 유혹 속에서도

하나님의 자비하심과 능력 주심을 믿으며

말씀대로 행하기 위해 진력하는 삶이 되게 하소서.

그래서 오늘 하루도

아주 조금이라도

이 땅에 주님이 주권적으로 다스리시는 주님의 나라가

더 넓혀지고 견고하게 세워지기를 소원합니다.

예수님의 이름으로 기도합니다. 아멘.

눈을 조금만 크게 뜨고 우리가 몸담고 있는 공동체와 이 시대의 흐름을 보면 웃을 일보다는 우울한 일이 더 많습니다. 실제로 밝은 절기라고 하는 명절이 오면 사람들의 마음이 밝아지고 기쁨으로 가득 차는 것이 아니라 자살률이 높아지고 가정 폭력으로 인해 112에 전화를 거는 빈도수가 더 높아지는 것이 현실입니다. 어두워진 마음을 환히 밝혀주는 사람도 없고, 살맛이 나도록 소금 같은 역할을 해주는 사람도 만나기 어려운 것입니다.

이런 세상을 보면 세상 사람들이 더 사악해졌기 때문에 사회가 점점 부패하는 것이 아니라 그리스도인들이 빛과 소금의 역할을 제대로 못하고 있기 때문에 세상이 어두워졌다는 결론에 이를 수밖에 없습니다. 냉정하게 말하면 세상이 살맛 나지 않는 것은 우리 그리스도인들이 빛 된 삶을 살지 못했기 때문이요, 맛을 잃은 소금이 되었기 때문입니다. 왜 우리 그리스도인들이 이렇게 된 것일까요? 바로 경건의 모양은 있지만 경건의 능력은 잃어 버린 '비실천적 유신론자'가 되었기 때문입니다. 그리스도인이라고 고백하기는 하지만, 정작 삶에서는 그리스도인다운 역동성을 상실한 것입니다. 아마 사탄이 가장 좋아하는 말이 있다면 '내일 하자'라는 말일 것입니다. 그러다 보니 신앙의 실천에 관한 한 내일로 미루는 나쁜 습관이 들러붙어 있는 것

146

입니다.

그러나 그리스도인들이 하나님의 자녀다운 품격과 성숙함을 가지고 이 세상을 변화시켜 나가야 할 시기는 그리스도를 믿는 순간부터여야 합니다. 신앙은 시간이 흐른다고 성숙해지는 것이 아니라 주님을 사랑하는 마음이 클수록 성숙하는 묘한 성격이 있습니다. 그러므로 지금, 내가 호흡하는 그 순간 그 자리가 바로 그리스도인으로서 세상에 '착한 행실'을 보여주는 자리가 된다면 그 곳이 바로 주님 나라가 더욱 커지고 견고하게 세워지는 기점이 될 것입니다.

내게 배우고 받고 듣고 본 바를 행하라 그리하면 평강의 하나님이 너희와 함께 계시리라

빌립보서 4장 9절

주일 성수가
이런저런 이유로 힘들어질 때

모임 중에 함께하시는 성령 하나님!

주님이 정하신 주일에 모든 믿음의 가족들이 함께 모여

주님께 드리는 예배 가운데 임재하여 주시고

홀로 영광을 거두어 주옵소서.

하늘 문이 열리는 은혜와

한 주간 여러 가지 일들로 부대끼며 상처받은 나의 갈한 심령이

예배 가운데 하나님을 찬양할 때 회복되게 하시고,

말씀을 들을 때 치유되는 은혜를 경험하게 하소서.

예배자로 주일마다 은혜의 보좌를 사모하며 나아갈 때

하나님께 더 가까이 나아가는 관계의 친밀함을 경험하게 하시고

거친 세상을 넉넉히 이길 힘을 공급 받게 하옵소서.

또한 주일에도 일을 해야 하는 상황이라면,

일터에서 그 일을 통해 하나님께 영광을 돌리는

예배자로 설 수 있게 하소서.

예수님의 이름으로 기도합니다. 아멘.

　주일 성수의 중요성은 아무리 강조해도 지나치지 않지만, 지금 세상은 점점 주일 예배를 드리기 어려운 환경이 되어가고 있습니다. 특수한 직업이기에 부득이하게 주일 근무를 해야 하는 경우도 있고, 지치게 만드는 바쁜 일상 때문에 주일을 말 그대로 안식하고 싶어 할 수도 있는 상황입니다.

　그러나 주일 성수의 문제는 그리스도인으로서 양보하거나 타협할 수 있는 문제가 아닙니다. 그러므로 가장 먼저 생각할 것은 주일 성수를 위해 자신의 개인적인 시간을 희생할 각오가 필요합니다. 여가 시간을 질적으로 사용하고, 필요할 경우에는 여가를 포기하는 신앙적 결단으로 주일 예배를 위한 시간 확보가 있어야 할 것입니다. 이런 경우는 개인의 절제와 선택이 있다면 가능하기 때문에 크게 어렵지 않습니다.

　그러나 직업 특성상 계속해서 주일 성수가 어려운 상황은 선뜻 대답하기 어렵습니다. 만약 주일을 지키기 어려운 직업이라는 이유로 아무도 그 일을 하려고 하지 않는다면 온 천하에 복음을 전하라는 주님의 지상명령은 결코 이뤄지지 않을 것입니다. 이런 관점에서 보면 주일에 예배를 드리는 것 외, 즉 일터에서 섬기는 것은 모두 세속적인 일이라고 속단하는 잘못을 범할 수 있습니다. 그래서 주일에 부득이 일을 해야 한다면 근무도 주께 하듯, 예배 하듯 해야 한다는 전제를 꼭 기억할 필요가 있습니다.

또한 개인적인 영성을 잃어 버리지 않기 위해 개인적인 경건생활에 더욱 힘써야 한다는 것도 잊지 말아야 합니다. 그러나 만일 계속 주일을 지키지 못해 신앙에 문제가 생겼다고 느껴질 때에는 경우에 따라 직장이나 직업을 바꾸는 것도 필요합니다.

결국 주일 성수의 문제는 주일에 일해도 되느냐 안 되느냐의 문제가 아니라 주일은 하나님의 창조 질서를 따라 열심히 일한 사람들이 공동체적 예배를 통해 하나님의 영광스러운 임재와 영적인 쉼을 체험하는 날인 것을 기억하는 것이 중요합니다. 그러므로 할 수 있는 한 힘들더라도 주일 교회에서의 공동체 예배에 함께 모여 드리는 것을 원칙으로 하고, 직업 특성상 주일에 꼭 일을 해야 하는 상황이라면 일터에서 그 일로 하나님 나라를 세우는 예배자의 마음으로 열심히 일하는 자세가 필요합니다.

할렐루야, 내가 정직한 자들의 모임과 회중 가운데서 전심으로 여호와께 감사하리로다

시편 111편 1절

예배가
지루하게 느껴질 때

진정한 예배자를 찾으시는 하나님!
예배에 집중력을 더하여 주셔서
오로지 하나님께는 영광이 되고
은혜의 샘이 끊어지지 않는 기쁨을 허락해 주소서.
무엇보다 일상 속에서 많은 시간을 보내는 삶의 현장이
하나님을 높여드리는 예배의 현장이 되게 하셔서
성령의 기름 부으심을
날마다 맛볼 수 있도록 인도해 주소서.
그래서 순간순간을 성령 하나님의 임재 속에 살아가는
성숙한 생활 예배자가 되게 하소서.
예수님의 이름으로 기도합니다. 아멘.

어느 목사님의 글 중에서 예배 시간에는 다양한 일파—派들이 존재한다는 대목을 본 적이 있습니다. 인용하면 이렇습니다.

"설교 시간에 멀거니 강단을 응시하는 딴생각파, 주보에 낙서를 하고 교정까지 보는 낙서파, 졸면서 끄덕끄덕 쉼표를 찍는 수면파, 수시로 시계를 들여다보는 시간절약파, 옆 사람과 글로 대화하는 쪽지파, 예배 후에 있을 회의를 준비하는 회의파, 성경 읽기로 시간을 때우는 실속파 등…."

당신은 어느 파에 속하는지요?

어떤 분들은 예배가 너무 많다고 합니다. 그러나 어떤 이유에서든지 예배를 형식적인 요식 행위로 대충 드려서는 안 된다는 것은 신앙의 기본 원칙 중의 기본입니다. 예배는 하나님의 피조물인 우리들이 하나님을 향해 드릴 수 있는 최상의 유일한 몸짓입니다. 그래서 예배자인 그리스도인들은 예배를 드릴 때마다 살아 계신 하나님 앞에 서 있다는 의식을 가지고 신령과 진정으로 예배 속에 진행되는 찬양과 기도, 말씀, 봉헌의 예전에 집중하여 예배를 드리는 것입니다. 모든 회중들이 이런 의식과 자세를 가진 예배자라면 그 예배에 하나님께서 임재하지 않으실 리가 없습니다.

그런데 더욱 중요한 것은 주일 예배의 영광을 경험하는 것으로 모든 예배가 종결되는 것이 아니라는 점입니다. 예배를 통해 은혜를 받고 성령의 임재하심을 경험했다면 곧바로 자신과 이웃의 삶을 새롭게 하기 위해 세상으로 나아가는 것으로 이어져야 하기 때문입니다. 주일 예배의 마침은 삶으로 드리는 새로운 예배의 시작인 것입니다. 그렇게 살기로 결단하는 삶의 결단과 실천이 있을 때 그 예배를 참된 예배라고 할 수 있습니다. 즉 삶 전체가 예배의 영역 안에 있어야 하는 것입니다.

우리가 하나님 앞에 선 예배자라는 것을 인식하고 있다면 일상의 삶 전체를 하나님을 예배하는 삶으로 변모시켜야 합니다. 그런 결단을 하는 자에게 하나님이 능력을 공급하시는 것은 당연한 일입니다. 엿새 동안 힘써 일하면서 하나님을 제대로 섬긴 그리스도인이 주일 예배 때 더욱 더 감격적인 예배를 드릴 수 있지 않을까요?

아버지께 참되게 예배하는 자들은 영과 진리로 예배할 때가 오나니 곧
이때라 아버지께서는 자기에게 이렇게 예배하는 자들을 찾으시느니라

요한복음 4장 23절

교회 봉사가
지치는 순간이 다가올 때

교회의 머리이신 주님!

대가를 바라지 않으시는 십자가의 희생과 흘려 주신 보혈로

주님의 교회만이 이 세상의

유일한 희망 공동체인 것을 증명해 주시고,

그 구성원으로 불러주신 것을 감사합니다.

주님의 나라와 교회를 위해 섬기도록

특별한 은사들을 허락해 주시고 전문성을 주신 것을 감사합니다.

저에게 주어진 모든 것이 단 하나도 낭비됨이 없이

오로지 하나님의 제단 위에 올려지는 산제물이 되기를 원합니다.

작은 섬김과 헌신이지만 그 안에서 하나님의 살아 계심이 나타나

아직 하나님을 모르는 사람들이 하나님을 더 깊이 알고 믿게 되는

놀라운 구원의 역사가 나타나게 하소서.

섬길 때마다 나를 드러내지 않고

오롯이 주님만 높이는 겸손함을 허락해 주시고,

그 섬김을 통해 주님의 몸 된 교회가

아름답게 세워져가는 것을 보는 축복도 허락해 주소서.

예수님의 이름으로 기도합니다. 아멘.

"주일은 저에게는 한마디로 '죽일 날'입니다. 주중에는 육체적으로 너무 힘든데, 주일 새벽부터 밤늦게까지 교회 봉사 때문에 너무 힘들어서 정신을 못 차리겠어요."

이렇게 하소연하는 이들을 만날 때가 있습니다. 또 이렇게 말하는 이들도 있습니다.

"나는 지금 여건이 좋지 않기 때문에 교회에 헌신하기 어렵다. 하지만 시간적으로나 물질적으로 여유가 생기면 교회에 충실하게 봉사하겠다. 일단은 주일 예배만 드릴 수 있게 해 달라."

모두 수긍이 가는 말입니다. 6일 내내 숨 쉴 틈 없이 뺑뺑이를 돌았는데, 주일 하루 정도는 말 그대로 안식해야 하는 것이 창조 질서의 원리입니다. 그런데 예배라는 단어를 표현하는 영어 단어들을 생각해 보면 예배를 예배 되게 하기 위해 누군가의 섬김이 필요하다는 것을 금세 알아차릴 수 있습니다. 예배는 '경배한다'는 의미를 가진 워십worship으로 표현을 하지만, '섬김, 봉사'의 의미를 가진 서비스service로도 표현하기 때문입니다. 개인적으로 하나님께 더욱 가까이 나아가기 위해서 예배드리는 것도 필요합니다. 그러나 영적으로 성숙해 간다면 예배에 필요한 섬김과 봉사의 역할을 감당하는 것 역시 동일하게 중요한 요소인 것을 간과할 수 없습니다. 물론 지나치게 많은 짐을 맡아서 고민하고 괴로워하는 것 역시 바람직하지 않습니다. 무엇보다 잊지 말아야 할 중요한 사실은 교회란 모든 성도들이 함께 세워가야 할 주님의 몸이라는 것입니다. 이런 의미에서 영적 공동체의 구성원이라면 그 누구도 은혜의 사각지대에 서 있어서는 안 됩니다. 동시에 사역의 소외지대에 거해서도 안 됩니다. 하나님께서 각 성도에게 적절한 은사를 주신 것은 교회를 교회 되게 하기 위한 것이기 때문입니다.

각각 은사를 받은 대로 하나님의 여러 가지 은혜를 맡은 선한 청지기같이 서로 봉사하라 만일 누가 말하려면 하나님의 말씀을 하는 것같이 하고 누가 봉사하려면 하나님이 공급하시는 힘으로 하는 것같이 하라 이는 범사에 예수 그리스도로 말미암아 하나님이 영광을 받으시게 하려 함이니 그에게 영광과 권능이 세세에 무궁하도록 있느니라 아멘

베드로전서 4장 10-11절

육체의 건강을
돌보아야 할 필요를 느낄 때

나를 붙드시는 주님!

건강함으로 하나님과 이웃과 나의 가족을 더 잘 섬기고 싶습니다.

먼저 일상 가운데 건강을 해치는 것들을 피하고,

절제할 수 있는 은사를 허락해 주옵소서.

주님께서 조금이라도 더 젊음과 건강을 허락해 주셨을 때

적절한 운동과 건강을 잘 유지할 수 있는 지혜를 주소서.

특별히 연약하고 힘없는 육체의 부분들은 만져 주셔서

건강 때문에 하나님께 영광을 올려드리지 못하는

안타까운 일이 없게 하시고

깨끗하게 치유 받는 은혜를 체험하는 기쁨이 있게 하소서.

그리고 주신 건강함을 가지고

더 연약하고 어려움에 처해 있는 이들을 섬길 수 있는

삶의 역동성을 허락해 주소서.

예수님의 이름으로 기도합니다. 아멘.

초기 교회의 역사적 기록을 보면, 영과 육물질을 분리하는 극단적인 이원론에 빠진 이단들이 등장합니다. 실례로 '영지주의자'들과 같은 이단들은 영적인 영역에 속한 지혜는 선하지만 육적인 요소인 물질은 부패하고 악한 것이라고 여겼습니다. 그 결과, 부패한 육신을 제어하기 위해 극단적인 금욕주의의 모습을 보이거나, 그 반대로 육체물질적인 것들을 회복 불가능한 것으로 규정하여 아예 더러운 채로 방치하거나 쾌락을 탐닉하는 등 극단적인 쾌락주의로 치달았습니다. 이렇게 보면 절제를 넘어선 금욕주의나 방임적 쾌락주의 모두 잘못된 영육 이원론에 기인한 것임을 알 수 있습니다.

그러나 영적인 성숙을 지향하는 그리스도인은 육적인 것이라도 하나님께서 함께하시면 영적이고, 영적인 것이라 할지라도 하나님께서 함께하지 않으시면 육적인 것이 될 수밖에 없다는 이해를 가집니다. 그 이유는 영혼뿐만 아니라 육체 역시 하나님께서 만드신 것이기 때문입니다. 몸의 가치를 절대시해서 몸을 우상화할 경우 문제가 되겠지만, 건강 관리를 잘해서 몸의 상태를 잘 유지하는 것은 성경의 가르침입니다. 다시 말하면 마음을 단정하게 해서 영적인 성숙을 꾀하는 것만큼 육체의 건강을 잘 유지하는 것 역시 우리 그리스도인들이 수행해야 할 사명인 것입니다. 제대로 건강 관리를 하지 않아서 강건함을 잃고 병에 걸리는 것을 죄라고까지 할 수는 없습니다. 하지만 하나님께는 송구한 일임에는 분명합니다. 또한 함께 생활하는 가족들을 불행하게 만드는 일입니다. 식당 벽면에 붙어 있는 "건강을 잃으면 모든 것을 잃는 것"이라는 표어는 결코 과장된 것이 아닙니다. 정말 행복을 맛보고 싶다면 우선 나와 가족의 건강에 유의해야 합니다.

주는 나를 용서하사 내가 떠나 없어지기 전에
나의 건강을 회복시키소서

시편 39편 13절

쉼의 중요성을
절감할 때

만물을 회복시키시는 주님!

주어진 일감을 주님이 주신 지혜와 힘으로

잘 감당할 수 있는 은총을 주신 것 감사드립니다.

그러나 언제나 목표만을 향해서 달리며

스스로 쉼을 조절하지 못해서

긴 호흡으로 삶을 바라보지 못하는 연약함을 용서하여 주소서.

삶의 여정 속에 호흡 조절을 제대로 할 수 있는

영적인 안목을 허락해 주셔서

적당한 쉼과 안식을 통해

더 나은 모습으로 나타날 수 있도록 날마다 인도해 주소서.

상처 받은 것이 회복되고 연약한 것이 치유되는 기쁨을

쉼을 통해 늘 얻고 새롭게 되어

주님께서 맡기신 사명을 잘 감당하게 하소서.

예수님의 이름으로 기도합니다. 아멘.

"인생은 장기 레이스와 같다"는 말은 금언 중의 금언입니다. 마라톤 경주자는 결코 단거리 선수처럼 뛰어서는 안 됩니다. 마라톤 전문가들은 42.195킬로미터의 마라톤 풀코스를 일정한 속도를 유지하면서 달리는 것이 좋은 성적을 내는 최선의 방법이라고 합니다. 실제로 모든 마라토너가 꿈꾸는 희망사항은 초반 스피드를 끝까지 유지해 결승선을 통과하는 것이라고 합니다. 전문가의 말을 빌리면 전 구간에서 스피드 저하 없이 꾸준히 달릴 수 있는 방법은 '호흡 조절에 의한 지구력 향상'밖에는 없다고 합니다.

30대 초반이냐, 중반이냐, 아니면 후반이냐에 따라 인생 레이스의 속도를 어느 정도로 잡고 호흡 조절을 어떻게 해야 할 것인가는 각각 다를 것입니다. 그러나 중요한 것은 어느 시기를 막론하고 호흡 조절을 위해 쉬어주어야 한다는 점입니다. 학창 시절 수업시간이 끝나는 것을 알리는 종소리인 「엘리제를 위하여」나 「소녀의 기도」 음악을 기억하십니까? 스피커를 통해 흘러나오는 종소리를 듣자마자 부리나케 학교 운동장으로, 매점으로 달려갔던 경험이 우리들에게 있습니다. 이미 그 10분 혹은 몇 십 분의 짧은 휴식 시간 때문에 학습 능력이 오히려 향상된다는 것을 진하게 경험하셨을 것입니다.

어른이 된 지금도 누군가 휴식 시간을 알리는 종소리를 때마다 틀어주면 좋으련만, 지금은 아무도 종소리를 울려주지 않습니다. 그래서 어느 지혜자는 "휴식을 알리는 종소리를 스스로 울려야 하는 상황을 맞이하게 될 때가 바로 어른이 되었을 때"라고 말합니다. 쉼을 알리는 종소리가 나지 않는다고 일에만 빠져 있다면 어떤 결과가 나올지 불 보듯 뻔합니다. 따라서 적당한 때에 쉼표를 찍어 힘 빼기와 힘 조절을 해주어야 합니다. 지나친 쉼으로 방종에 이르는 것은 죄악이지만, 적당한 삶의 쉼표는 나를 새롭게 만들어줄 수 있는 동인이 됩니다. 당장 이번 주 중에 쉼표를 어디 쯤에서 찍는 것이 좋을지 다이어리를 펴보십시오.

너는 엿새 동안에 네 일을 하고 일곱째 날에는 쉬라 네 소와 나귀가 쉴 것이며 네 여종의 자식과 나그네가 숨을 돌리리라

출애굽기 23장 12절

심각한 스트레스에
시달릴 때

평안의 원천이신 주님!

세상이 점점 거칠고 완악하게 변해가는 것을 느낍니다.

더 많이 가지고, 더 높은 자리에 오르기 위해서

조급하게 서두르는 주변 상황으로 인해 늘 마음이 불안합니다.

과도한 스트레스로 인해 마음에 평안을 상실할 때가 많습니다.

그러하오니 주님,

세상의 모든 악한 것과 불의와 불안한 것들을 이기신 주님을

온전히 신뢰함으로

주님만이 주실 수 있는 참 평안을 누리며

진정한 평안을 누리게 하소서.

주님이 주시는 평안은 세상이 주는 평안과 다르기에

주님 품으로 돌아가오니 저를 받아 주소서.

예수님의 이름으로 기도합니다. 아멘.

 '세계의 행복의 날'을 맞아 미국 여론조사 회사 갤럽이 세계 143개 국을 대상으로 행복한 나라 순위를 조사해 발표한 것을 본 적이 있습니다. 안타깝게도 한국인의 '긍정적 경험지수'는 118위였습니다. 우리나라 국민들이 느끼는 행복감이 세계 최하위 수준이라는 지표였습니다. 사실 그리 놀랄 것도 아닌 것이 살벌하게 돌아가는 모든 사회적 상황은 이미 피부로 체감하고 있는 현실입니다. 치열한 경쟁 사회 속에서 남보다 뒤처지면 살아남지 못한다는 강박증에 사로잡혀 극심한 스트레스를 받으면서 살고 있으니 행복은 때로 '언감생심'처럼 느껴지는 것도 당연합니다.

 그러나 모든 스트레스의 원인을 사회적 환경 탓으로만 돌릴 수도 없습니다. 사실 사람들이 평안을 잃어 버리는 더 근원적인 이유는 지나친 욕심 때문입니다. 필요를 넘어 원함이 너무 많습니다. 이미 많이 가졌음에도 불구하고 만족하지 못하고, 자기만족의 비결을 배우지 못한 채 '더 높이 더 많이'를 구호로 외치면서 성공 강박증에 평안을 빼앗겨 버렸습니다. 그런데 성경은 정반대의 말씀을 합니다. "적게 가지더라도 평안을 누리는 것이 수고하여 모든 것을 가지는 것보다 훨씬 낫다"전도서 4장 4~7절고 조언합니다. 이 말은 스트레스 없이 살기 위해 대충대충 책임감 없이 살자는 의미가 결코 아닙니다. 열심히 일하되 바람과 같이 도저히 쥘 수 없는 것까지 잡으려는 수고 때문에 괜한 스트레스를 받지 말자는 의미인 것입니다.

필요를 뛰어넘는 과도한 원함을 내려놓고 스트레스로부터 탈출해 보고 싶지 않습니까? 일상의 평안함을 가지기 위해 내려놓음의 습관을 적극적으로 추천하는 바입니다. 하나님께서 당신에게 재능은 물론이고 후천적인 성실함을 허락해 주셨다면 여기에 내려놓음으로 과도한 스트레스와는 이별하고 마음속에 평안함까지 갖춘다면 금상첨화의 삶일 것입니다. 그리고 세상이 주는 것과 같은 지속성이 결여된 순간의 평안이 아니라 영원한 평안을 주시는 예수님을 전적으로 신뢰하는 영원한 평안이 더해진다면 이 상황이야말로 진정한 행복을 만끽하는 요소를 다 갖춘 셈입니다.

평안을 너희에게 끼치노니 곧 나의 평안을 너희에게 주노라 내가 너희에게 주는 것은 세상이 주는 것과 같지 아니하니라 너희는 마음에 근심하지도 말고 두려워하지도 말라

요한복음 14장 27절

가족들에게
소홀한 자신을 발견했을 때

가정의 주인이신 주님!

그 누구와도 바꿀 수 없는

귀한 가족들을 허락해 주신 것 감사합니다.

삶을 살아가는 동안

생명의 뿌리가 되는 어른들을

변함없이 존경하며 섬길 수 있게 하시고,

주님께서 주신 생명의 선물인 자녀들을

일관성 있게 사랑으로 대할 수 있는 은혜 주시기를 간구합니다.

가족들을 향한 신실한 사랑의 자세를

일생동안 유지할 수 있도록 도와주시고

이를 통해 온 가족이 주님 안에서

더욱 하나 되고 긴밀한 기쁨을 누리게 하소서.

그리하여 우리 가정이

이 땅에서 천국의 기쁨을 미리 맛보는 가정되게 하소서.

예수님의 이름으로 기도드립니다. 아멘.

삶 속에서 갑작스럽게 어려움을 당했을 때 언제나 소통하고 도움을 줄 수 있는 가족들이 있습니까? 이 질문에 머뭇거리고 대답을 잘 할 수 없다면 자신의 삶을 꼭 돌아볼 필요가 있습니다. 그런데 이런 조사 결과 앞에서 정말 심각하게 우리 자신을 돌아볼 수밖에 없습니다. "정작 어려울 때 의지할 수 있는 사람이 없다"고 응답한 비율이 경제협력개발기구OECD 회원국 가운데 한국인이 가장 높다는 조사 결과가 나왔습니다OECD의 「2015 더 나은 삶 지수」 참조. 혈연과 지연으로 전 세계에서 가장 똘똘 뭉쳐서 견고하고 친밀한 사회구조를 보여주는 것 같지만 실제로는 개인주의와 가족 해체가 빠르게 진행되면서 소외감을 느끼는 사람들이 많다는 것을 대변하는 결과입니다.

핵가족화의 정착과 이에 따른 가족 구성원의 변화는 「사철에 봄바람 불어 있고」라는 찬송가에 나오는 "어버이 우리를 고이시고 동기들 사랑에 뭉쳐 있고 기쁨과 설움도 같이하니 한 간의 초가도 천국이라"는 2절 가사를 무색하게 만들었습니다. 한마디로 '스위트홈'이라는 단어는 노랫가락 속에나 나오는 잊힌 옛 말이 되어 버린 것입니다. 그러나 이렇게 가족에 대한 개념이 시대적 상황에 따라 변했다 할지라도 항상 그 자리에서 나를 언제나 기다려주고 반겨주는 것이 가족이라는 사실은 변함이 없습니다.

소설 『대지』를 통해 장대한 중국의 가족사를 보여준 펄벅은 "가정은 나의 대지다. 나는 거기서 나의 정신적인 영양을 섭취하고 있다"고 말했습니다. 무의식적으로 호흡하는 공기와 같은 존재로서 나를 지탱해 주는 가족, 이들과 더불어 한 번뿐인 인생을 "어떻게 함께할 것인가?"라는 질문에 누구나 책임감을 가지고 답해야 할 것입니다. 경주마처럼 앞만 보고 달려가면서 경제력을 키우더라도 함께해야 할 가족들을 뒷전에 밀어놓고 있는 이상 모든 것이 '헛되다'고 선언하는 성경의 말씀에 이제는 귀를 기울여야 합니다. 오늘은 만사 제쳐놓고 그동안 미루었던 가족과의 저녁 식사를 가져보는 것은 어떨까요? 소소한 일상을 나누는 대화를 곁들이면 이보다 더 좋을 순 없을 것입니다.

어느 때나 하나님을 본 사람이 없으되 만일 우리가 서로 사랑하면 하나님이 우리 안에 거하시고 그의 사랑이 우리 안에 온전히 이루어지느니라

요한일서 4장 12절

성적 남용 시대를
어떻게 살아야 할지 고민될 때

우리를 지으시고,

성이라는 아름다운 선물을 허락하신 좋으신 하나님!

성적 남용이 판치고 간교한 유혹이 넘치는 시대이지만

하나님의 사람으로서

언제나 경건함을 유지할 수 있는 은혜를 주소서.

다양한 매체들을 통해

끊임없이 퍼부어지는 성적 유혹들 앞에

자신을 잘 지킬 뿐만 아니라

우리 가정의 순결을 지키는 파수꾼이 되게 하소서.

나아가 음란한 세대를 변혁시킬 수 있는 이 시대의 소명자로서

그 사명도 잘 감당하는 순결한 하나님의 사람이 되게 하옵서.

예수님의 이름으로 기도드립니다. 아멘.

성개방시대를 살고 있습니다. 아니, 차라리 성윤리가 무너졌다는 표현이 더 적절한 것 같습니다. TV, 신문, 인터넷 등 대중매체들은 이미 다양한 성적 내용들로 범람한 지 오래입니다. 이에 반해 여전히 대부분의 영적 공동체 안에서는 성에 대한 이야기를 꺼내지 않는 것이 고수해야 할 고유의 전통인 것처럼 여겨지는 것이 사실입니다. 성적 남용 시대를 살아가는 그리스도인들의 고민이 여기에 있습니다. 아무도 가르쳐 주지 않는다는 것이지요. 사실 성경이 여기에 대해 침묵하는 것도 아닌데 말입니다.

성경은 성 그 자체와 성이 주는 즐거움 또한 죄가 아니라고 합니다. 오히려 하나님의 선물이라고 가르칩니다. 그런데 단서가 붙습니다. 단 하나님께서 맺어주신 결혼이라는 틀 안에서 이루어질 때입니다. 이것을 벗어난 남녀 간의 육체적 관계는 왜곡된 것이며, 성의 남용이라 할 수 있습니다. 그런데 이미 우리 시대는 사랑과 결혼을 바탕으로 하지 않은 성적 관계를 거부하는 것, 즉 순결과 정절을 지키는 것을 더 이상 미덕으로 여기지 않는 풍토입니다.

그러나 순결은 이 시대를 살아가는 그리스도인들을 향한 하나님의 거룩한 요구임을 꼭 기억할 필요가 있습니다. 순결을 유지하기 힘든 세상임에 틀림없지만, 성을 창조하신 하나님의 도우심을 구하며 순결함을 유지하는 것, 어렵기 때문에 꼭 도전해야 할 경건의 실제적 능력과 모습입니다. 오래전 한 TV 광고 카피가 문득 떠오릅니다.

"젊은 날의 선택, 지킬 것은 지킨다."

이 말이 성적 남용 시대를 살아가는 그리스도인들을 향한 도전 같기도 합니다.

늙은이를 꾸짖지 말고 권하되 아버지에게 하듯 하며 젊은이에게는 형제에게 하듯 하고 늙은 여자에게는 어머니에게 하듯 하며 젊은 여자에게는 온전히 깨끗함으로 자매에게 하듯 하라

디모데전서 5장 1-2절

평생의 반려자를 찾아야 하는
순간이 왔을 때

참사랑이 어떤 것인지

십자가 사건을 통해 보여주신 하나님!

살아가는 여정 속에서

진정으로 사랑할 수 있는 반려자를

만날 수 있는 기회를 허락해 주시기를 간구합니다.

인생의 여정 속에서 하나님께 영광을 돌리며

일생 동안 서로 이해하고 사랑하며

하나님의 뜻을 성취할 수 있는 배우자를

만날 수 있는 은혜를 허락하여 주소서.

만나는 형제(자매)가

이상적인 배우자가 될 것만을 요구하는 것이 아니라

나 자신이 먼저 상대방이 신뢰할 만한 배우자가 되기 위해

노력할 수 있는 자세와 마음을 주소서.

그래서 하루 속히 천국과 같은 가정을 이루는

놀라운 기쁨을 베풀어 주소서.

예수님의 이름으로 기도드립니다. 아멘.

완벽한 배우자를 찾기 위해 온 세상을 여행한 한 남성의 이야기를 알고 계신가요? 그런 사람이 있었습니다. 그는 완벽한 배우자와 결혼하지 않고는 불행을 견딜 수 없다고 판단하고 세상 구석구석을 살폈습니다. 그렇게 40년의 세월이 흘렀고 70세가 되었지만, 결국 그는 꿈에 그리던 완벽한 여성과의 결혼에 성공하지는 못합니다. 안타까움과 측은함이 교차되는 목소리로 친구가 그에게 물었습니다.

"아니, 자네 이제 나이가 칠십이나 되었는데, 세상에 정말 그런 여자를 한 번도 만나지 못했나?"

그러자 나이 지긋한 노총각이 이렇게 대답했다고 합니다.

"사실 딱 한 번 그런 여성을 만났었네. 그런데 그녀는 '완벽한 남성'을 찾고 있었다네. 그래서 결혼이 이뤄지지 못했지."

동화책에서 튀어 나온 '백마 탄 왕자님' 같은 남자나 하늘에서 내려온 '날개옷을 도둑맞은 천사' 같은 여자가 내 사람이 될 것이라는 것은 그저 즐거운 상상에 그치는 경우가 허다합니다. 마음에 쏙 드는 그런 사람을 만나 결혼에 골인하기만 하면 동화 속 주인공처럼 행복하게 오래 래 살 것이라는 생각은 순진함을 넘어 어리석음에 가깝습니다.

사실 사람들이 기대하는 만큼 성공적인 연애나 행복한 결혼생활을 이어가는 사람들을 만나기란 그리 쉽지 않습니다. 연애나 결혼에 대한 구체적인 준비가 없었기 때문입니다. 이런 점에서 연애와 결혼은 일종의 지식이나 기술을 필요로 합니다. 제대로 이해하고 사랑하기 위한 훈련, 서로에게 헌신하기 위한 기술, 궁극적으로 자기 마음을 제대로 전달하는 방법 등을 익혀야 두 사람이 인생 항로에서 만나 사랑을 쌓아가면서 여러 갈등 상황을 제대로 극복할 수 있습니다. 이상형의 반려자를 찾는 것에만 시간을 허비하느라 정작 만남을 준비하지 못하는 것은 큰 어리석음입니다. 진중한 연애와 준비된 결혼이야말로 두 사람이 천국에 이르는 여정을 행복한 여행으로 바꾸어 놓을 수 있는 비결인 셈입니다.

아담이 이르되 이는 내 뼈 중의 뼈요 살 중의 살이라 이것을 남자에게서 취하였은즉 여자라 부르리라 하니라 이러므로 남자가 부모를 떠나 그의 아내와 합하여 둘이 한 몸을 이룰지로다

창세기 2장 23-24절

하나님이
들으시는
기도

신앙생활을 한다고 할 때 모든 신앙인에게 가장 필수적으로 요청되고 중요한 가치를 지니는 신앙 행위는 기도생활입니다. 엄밀하게 말해서 기도생활이 없는 신앙생활은 신앙생활이 아니라고 해도 과언이 아닙니다. 필자가 섬기는 한국기독교목회자협의회에서 발표한 「한국기독교인의 종교생활과 신앙의식」 조사를 보면 한국 기독교인들은 하루에 평균 24분 정도 기도하는 것으로 파악되었습니다. 결과를 보면서 이것이 적은 시간인지, 적당한 시간인지, 아니면 많은 시간인지 잘 가늠이 되지 않았습니다.

사실 기도 시간과 방식에 대해서는 숱한 말들이 난무합니다. 어떤 영적 지도자의 말을 들어보면 기도는 양이 아니고 철저히 질이라고 합니다. 또 어떤 책을 읽어 보면 그래도 기도는 기도하는 시간이 많아야 한다고 주장합니다. 기도 장소에 대해서도 특별히 정한 장소에서 드리는 기도가 좋다고 하는 분들도 있고, 일상생활을 하면서 하나님을 늘 인식하고 묵상하는 것도 기도이기 때문에 장소에 구애될 필요가 없다는 분들도 있습니다.

이런 이야기를 하면 아마 끝이 없을 것이 분명합니다. 그래서 이 질문에 대한 대답은 일단 접어두기로 하겠습니다.

기도에도 수준이 있다

조금은 의아할지 모르지만 기도를 얼마나 하느냐, 어디에서 하느냐, 어떤 방식으로 하느냐 하는 것은 사실 중요한 것이 아닙니다. 신앙생활 속에서 기도하는 데 많은 시간을 할애하고, 하나님과 독대하는 자신만의 은밀한 골방도 마련하고 있고, 침묵기도는 물론이고 공동체로 모여서 통성기도 하자고 하면 누구보다도 큰 소리로 기도할 수 있고, 하나님이 주신 언어로 기도할 수 있다고 하더라도 이것 때문에 반드시 성숙한 신앙인이라고 말할 수는 없는 법입니다. 정작 중요한 것은 기도생활이나 행위보다도 우리의 기도를 들으시는 하나님 앞에 '어떤 수준의 기도를 드리느냐?' 하는 것입니다.

기도에도 수준이 있습니다. 하나님께서 반드시 듣고 응답하시는 높은 수준의 기도가 있고, 반면에 우리의 기도를 받으시는 하나님께서 듣지 않고 무시해 버리는 낮은 수준의 기도도 있습니다. 그렇다면 우리가 드리는 기도가 하나님이 들으시는 기도가 되도록 하기 위해서 도대체 어떤 수준을 유지해야 할까요?

어느 젊은 집사의 솔직한 고백

아주 예전에 섬기던 교회 내 청년공동체의 부부 집사를 만났다. 두 사람은 청년공동체의 커플이었고, 교역자로서 같은 공동체를 섬기면서 기도 제목도 서로 깊이 있게 나누고 참 마음 따뜻하게 교제했던 신실한 형제자매였습니다. 40대 초반을 넘기고 함께 나이 들어가면서 정말 오랜만에 속에 있던 이야기를 마음껏 나누었는데, 대화 중에 남편 집사가 불쑥 이런 이야기를 했습니다.

"목사님! 세월이 많이 흘렀는데도 저는 하나도 변한 게 없는 것 같아요."

여전히 교회에서 기둥과 같이 신실함을 유지하면서 잘 섬기고 있는 사람인데 좀 의아했습니다.

그렇게 시작한 이야기의 요지는 이랬습니다. "모태신앙으로 교회를 다닌 지 수십 년이고, 집사 직분을 맡은 지도 벌써 십 년을 훌쩍 넘겼고, 교회 봉사도 줄기차게 해왔는데 자신의 내면세계를 보면 절망"이라는 것입니다. "긴 시간 동안 교회 봉사도 해왔고 나름 기도도 열심히 했는데 나아진 게 하나도 없다"는 것이 그의 고백이었습니다. 그리고 "한번 욱하고 신경질을 내고 분노하다 보면 그동안 기도했던 것, 봉사해 왔던 것, 나름대로 말씀대로 몸부림치면서 살아왔던 것이 완전 도루묵이 된다"는 고백이 이어졌습니다.

그런데 그럴 때마다 아내가 이런 말을 한다는 것입니다.

"어떻게 당신은 수십 년 예수 믿었는데 변하는 게 하나도 없어? 처음 나를 만났을 때나 애가 셋이나 되는 지금이나 똑~같아."

아내로부터 이런 말을 듣고 있으면 날카로운 비수로 등이 칼에 찔리는 듯한 느낌을 받으면서 정말이지 좌절감을 느낀다고 했습니다.

그러면서 이야기를 풀어 놓는 것이 직장 문제나, 가정 문제나, 자녀들 문제나, 경제적인 문제를 위해 기도한 것들은 응답을 많이 받았지만 정작 자기 자신의 인격적인 성숙이나 변화는 거의 없는 것 같다는 말이었습니다. 교회에서는 다른 사람들 눈이 있고 직장에서도 자신이 예수 믿는다는 것을 아니까 사람들 앞에서는 그럴 듯하고 폼나는 그리스도인으로 사는데, 자신을 가만히 들여다 보면 속사람은 하나도 변하지 않았다는 이야기를 했습니다. 부인도 함께 앉아 있는데 오래간만에 옛날 생각이 나서 그런지 정말 솔직하게 자기 이야기를 털어 놓았습니다.

이야기 끝에 남편 집사는 요즘 이런 생각을 한다고 했습니다.

'내가 언젠가 하나님 앞에 설 터인데 과연 지금 이 모습 이대로 떳떳이 설 수 있을까요? 기도한다고 하면서 여전히 옛 습관을 안고 변화되지 않는 자신을 보면 신앙에 대한 근본적인 불신이 생깁니다.'

가만히 생각해 보면 남편 집사의 고민은 기도생활을 하는 사람들이 늘 하는 고민이기에 그의 이야기를 들으면서 깊이 공감할 수밖에 없었습니다.

기도하기를 배우는 것이 필요하다

그리스도인 치고 기도의 중요성을 모르는 이가 누가 있을까요? 너무 잘 알고 또 나름 열심히 기도도 합니다. 그래서 개인적으로 작정

기도도 하고, 금식기도 하고, 철야기도도 하고, 깊이 있게 기도하려
고 몸부림치기도 합니다. 그런데 문제는 간절하게 구하면 응답해 주
신다는 사실을 믿고 구했고, 그 과정에서 응답도 많이 받았고, 기도
의 힘으로 그렇게 오랜 세월을 보내면서 외관상으로는 깊이 있고 성
숙한 그리스도인처럼 보일 수는 있습니다. 그러나 문제는 정작 기도
자 자신의 본질적인 신앙의 문제들이 해결되지 않았다는 것이 스스
로 느끼는 기도의 한계라는 점입니다. 결국 수없이 기도회는 드려지
고, 10년 고민하는 것보다 10분 기도하는 것이 더 나은 것을 알지만
그 가운데서 어떻게 기도해야 하는지 기도에 대한 가르침을 제대로
받지 못한 것이 현실이라는 것입니다.

정작 하나님이 들으시는 기도, 기도를 들으시는 하나님께 조금이
라도 더 집중하는 기도, 하나님의 임재 앞에 깊이 머무는 기도, 자신
의 내면을 좀 더 정확하고 깊이 있게 바라보며 변화를 모색하는 기도
에 대해서는 배우고 가르치는 바가 너무 적은 것이 한국 교회가 당면
한 현실인 것입니다. 이런 상황이다 보니 기도의 수준이 턱없이 낮은
안타까운 상황에 직면하고만 것이 이 시대를 살아가는 그리스도인들
과 한국 교회의 형편이라고 해도 과언이 아닙니다. 이런 현실을 직시
하면서 감히 말한다면 이제는 기도하는 것보다 먼저 기도하기를 배
워야 하는 상황이 되었습니다.

기도의 진수 주기도

그렇다면 과연 어떻게 해야 하나님이 들으시는 차원의 기도를 드릴 수 있을까요?

이 질문에 대한 대답은 의외로 아주 간단합니다. 예수님께서 직접 우리에게 가르쳐 주신 주기도문을 드리면 됩니다. 제임스 패커James I. Packer는 그의 책 『주기도문』에서 이렇게 말하고 있습니다.

"기독교는 사도신경의 내용대로 믿고 십계명대로 행동하고 주님께서 가르쳐 주신 주기도대로 하나님과 교제하는 종교다."

모두 7개의 간구로 구성되어 있는 '주님이 가르쳐 주신 기도'는 지상에 있는 기도문 가운데 유일하게 존재하는 완벽한 기도입니다. 그래서 초대교회 교부였던 이레니우스Irenaeus는 주기도문에 대해서 이렇게 이야기합니다.

"아이들이 말을 배우기 시작할 때부터 주기도를 가르치라. 주기도는 도토리에 참나무가 모두 들어 있듯이, 기독교의 모든 진리가 들어 있다."

"기도하는 법을 일찍이 배운 사람은 이 세상을 행복하게 사는 일체의 비결을 배운 사람이다"는 말이 있습니다. 그러니까 이 세상의 기도 가운데 가장 완벽한 기도인 주기도문은 영성 공동체 안에서 회의나 예배를 끝낼 때 주문처럼(?) 외우는 형식적인 마지막 알림 예식문이 아닙니다. 그 의미를 제대로 이해하고 마음의 중심을 다해 하나님 앞에 올려드린다면 하나님께서 들으실 수밖에 없는 기도일 뿐만 아니라 성도들과 교회를 온전하게 세울 수 있는 기도의 진수중의 진수인 것입니다. 따라서 기도를 배우기를 원한다면 먼저 "하늘에 계신 우리 아버지"로 시작되는 '주기도'를 배우는 것이 기초 중의 기초입니다. 그러므로 우리가 무슨 내용의 기도를 드리든지 제대로 기도하고 있다면 그 기도의 내용은 '주기도' 속에 담긴 기도의 내용을 기도하는 것입니다. 이런 의미에서 이 세상에서 드리는 모든 기도의 모범 기도문은 바로 주기도문이라고 할 수 있습니다.

그렇다면 '주기도'를 비롯해서 하나님께서 들으시는 기도를 드리기 위해서 기도자들은 구체적으로 어떤 태도를 취해야 할까요?

이 질문에 대한 대답도 마태복음 6장 5~8절에서 예수님이 '주기도'를 가르쳐 주시기 직전에 직접 말씀하신 기도의 태도 속에서 아주 명료하게 드러납니다. 바로 이 말씀입니다.

"또 너희는 기도할 때에 외식하는 자와 같이 하지 말라 그들은 사람에게 보이려고 회당과 큰 거리 어귀에 서서 기도하기를 좋아하느니라 내가 진실로 너희에게 이르노니 그들은 자기 상을 이미 받았느니라 너는 기도할 때에 네 골방에 들어가 문을 닫고 은밀한 중에 계신 네 아버지께 기도하라 은밀한 중에 보시는 네 아버지께서 갚으시리라 또 기도할 때에 이방인과 같이 중언부언하지 말라 그들은 말을 많이 하여야 들으실 줄 생각하느니라 그러므로 그들을 본받지 말라 구하기 전에 너희에게 있어야 할 것을 하나님 너희 아버지께서 아시느니라”

하나님만 의식하자

예수님의 이 말씀 속에는 기도자들이 주기도를 비롯해서 어떤 기도를 하나님께 올려드리든지 반드시 버려야 할 부정적인 태도와, 동시에 반드시 추구해야 할 긍정적인 태도가 함축되어 있습니다.

먼저 기도자들이 기도할 때 버려야 할 부정적인 기도의 태도는 사람들을 의식하며 기도하면 안 된다는 것입니다. 예수님은 “기도할 때에 외식하는 자와 같이 하지 말고, 사람에게 보이려고 기도하는 것”을 경고하십니다마태복음 6장 5절. 예수님의 이 경고에서 ‘외식하는 자’로 번역된 ‘휘포크리테스’는 그 의미가 얼굴에 탈을 쓰고 연기하는 배우를 가리키는 말입니다. 그래서 ‘무엇을 하는 체한다’ ‘가장한다’ ‘속인다’ 는 뜻이 ‘외식한다’는 의미입니다. 그러니까 예수님의 날카로운 눈에 들어온 당시 서기관과 바리새인들은 마치 연기하듯이 기도를 드렸던 것입니다.

한번 상상해 보십시오!

예수님 당시에 유대인들은 사람들이 많이 다니는 회당과 큰 길거리 모퉁이에서 요즘 시간으로 오전 9시와 오후 3시, 하루 두 번씩 기도하는 습관을 가지고 있었습니다. 일반적으로 평범한 유대인들은 한 1~2분 간단한 기도문을 외운 뒤에 눈을 뜨고 일상생활로 돌아갑니다. 그런데 유대교 지도자였던 바리새인들이나 서기관들은 사람들이 많이 다니는 회당과 길거리 어귀에 서서 일부러 손을 높이 들고 "하나님께 복이 있을지어다"는 동일한 후렴으로 끝나는 18개의 기도문을 외우고 오래 시간을 끌면서 기도했다고 합니다. 그런 기도의 행위를 하는 과정에 지나가는 사람들이 "아, 저 분은 참 경건하신 분이다. 참 존경이 간다"고 속삭이고 이야기를 나누는 소리가 들려야 만족하고 기도하던 손을 내리고 일상으로 돌아갔다고 합니다. 그러므로 바리새인과 서기관들에게 기도의 대상이나 내용, 하나님과 교제하는 것 자체는 별로 중요한 요소가 아니었던 것입니다. 오로지 그들에게 중요한 것은 기도하는 모습을 다른 사람들에게 보이면서 칭찬하는 관중들의 목소리 자체만이 중요했습니다. 예수님이 보실 때 이것은 철저히 '하나님을 이용하는 것'에 지나지 않는 기만적 태도였던 것입니다. 이런 기도의 태도에 대해서 예수님은 냉정하게 평가를 내리셨습니다.

"그들은 자기 상을 이미 받았느니라."

사람의 칭찬을 통해서 이미 기도 응답에 상응하는 것을 받았다는 것입니다. 그러므로 진정성이 전제되지 않고, 영혼의 무게와 중심이 실리지 않고, 또 자기의 삶이 실리지 않은 채 대본을 따라 사는 드라마 속의 배우와 같은 태도로 드리는 기도는 하나님의 응답을 기대하기 어렵기 때문에 당장 그만두라는 것이 예수님의 엄위하신 경고입니다.

하나님과 독대하는 골방으로 들어가라

그리고 예수님은 이렇게 권면하십니다.

"너는 기도할 때에 네 골방에 들어가 문을 닫고 은밀한 중에 계신 네 아버지께 기도하라 은밀한 중에 보시는 네 아버지께서 갚으시리라"마태복음 6장 6절

골방으로 들어가라는 것입니다. 골방은 하나님과 나만 있는 곳, 어떤 상황도 어떤 타자도 의식하지 않고 오직 하나님과만 대면하는 곳이라는 의미를 가지고 있습니다.

"골방으로 들어가라"는 이 말씀을 어떤 그리스도인들은 문자적으로 해석해서 기도하는 공간이 반드시 문자적으로 골방이어야만 한다는 주장을 펴기도 합니다. 그러나 예수님께서 기도하시기 위해 따로 골방이라는 공간을 만드셨다는 기록은 성경 그 어디에도 없습니다. 우리말 성경에 '골방'으로 번역된 '타메이온'이라는 헬라어는 '침실'이라는 의미도 있고 '창고'라는 의미도 있습니다. 이런 의미에서 예수님이 말씀하신 골방은 물리적 공간으로서의 골방이라기보다는 하나님과 일 대 일로 독대하며 하나님의 얼굴만을 구할 수 있는 영적인 상황과 시간을 의미한다고 보는 것이 타당합니다.

그래서 어느 목사님은 이 골방을 '달팽이 기도실'이라는 재미있는 은유적 표현을 사용해서 설명하기도 합니다. 자신의 등에 집을 지고 다니는 달팽이는 언제든지 어디서든지 집에 가고 싶으면 등에 지고

다니는 자기 집으로 쏙 들어가기만 하면 됩니다. 이런 달팽이처럼 어떤 상황에서든지 기도하고 싶으면 하나님의 얼굴만을 향해 홀로 다가설 수 있는 공간과 시간으로 들어가 기도할 수 있는 체질을 만들어야 한다는 것입니다.

이렇게 골방을 이해한다면 골방은 무엇인가를 무료하게 기다려야 하는 대기실일 수도 있습니다. 운전 중에 차가 밀릴 때 차 안이나, 전철 안에 있을 때나, 어느 곳에서든지 하나님과 일 대 일로 만나고, 필요한 기도를 드릴 수 있는 거룩한 습관을 가진다면 그 곳이 바로 예수님께이 말씀하신 기도의 골방이 되는 것입니다.

중언부언은 금물이다

예수님은 기도할 때 "이방인과 같이 중언부언 하지말라"마태복음 6장 7절고 경고하십니다. '중언부언한다'로 번역된 '바톨로게오 *Battologeo*'라는 헬라어의 어원을 보면 '말을 더듬는 사람'의 뜻을 가진 '바토스 *Battos*'에서 나온 말입니다. 그러니까 주문처럼 외우는 무의미한 말의 반복이 바로 중언부언이라는 말입니다.

당시 헬라인들은 문화가 발달하지 않은 외국인들을 '바르바로스'라고 불렀습니다. 잘 알아듣지 못하는 외국어가 자신들의 귀에는 '발발발' 하는 소리로 들렸기 때문에 이런 소리를 내는 사람을 외국인, 혹은 이방인과 야만인을 의미하는 '바르바로스'라고 했던 것입니다.

이 말에서 영어에 '야만인'을 뜻하는 '바바리안babarian'이라는 단어가 파생되었습니다. 결국 알아들을 수 없는 말로 중얼거리고 웅얼거리는 사람들이 바로 야만인이라는 것입니다.

같은 맥락에서 기도할 때 주문을 외우듯이 자기중심적인 똑같은 말만 반복하는 사람은 영적 야만인이라고 할 수 있습니다. 사실 냉정하게 말하면 의미없는 단어와 문장을 주문처럼 반복해서 계속하고 오래 지속하면 원하는 것이 저절로 이뤄질 것이라는 기대는 샤머니즘적 요행심이라고밖에 볼 수가 없습니다.

우리의 기도를 들으시는 하나님은 우리가 구하기 전에 우리의 구하는 것을 이미 아시는 분입니다. 그래서 주님은 이렇게 말씀하시는 것입니다.

"그러므로 그들을 본받지 말라 구하기 전에 너희에게 있어야 할 것을 하나님 너희 아버지께서 아시느니라"마태복음 6장 8절

일찌기 시편 기자는 이 사실을 깨닫고 이렇게 노래했습니다.

"여호와여 주께서 나를 살펴 보셨으므로 나를 아시나이다 주께서 내가 앉고 일어섬을 아시고 멀리서도 나의 생각을 밝히 아시오며 나의 모든 길과 내가 눕는 것을 살펴 보셨으므로 나의 모든 행위를 익히 아시오니 여호와여 내 혀의 말을 알지 못하시는 것이 하나도 없으시니이다"시편 139편 1-4절

사도 바울 역시 이렇게 선언합니다.

"이와 같이 성령도 우리의 연약함을 도우시나니 우리는 마땅히 기

도할 바를 알지 못하나 오직 성령이 말할 수 없는 탄식으로 우리를 위하여 친히 간구하시느니라"로마서 8장 26절

이 진리를 제대로만 이해한다면 반복적인 주문과 같은 중언부언하는 기도는 우리의 기도생활에 전혀 필요 없는 태도인 것이 분명합니다.『천로역정』을 썼던 존 번연은 "마음없이 말로만 기도하는 것보다, 말없이 마음으로 기도하는 것이 더 낫다"고 우리에게 일갈합니다.

하나님의 아들이신 예수님도 기도하셨음을 기억하자

그런데 여기서 한 가지 의문이 생깁니다. "하나님께서 우리의 모든 것을 아시는데 왜 기도가 필요한가?" 하는 의문입니다. 이 의문에 대해서 많은 대답할 수 있지만 가장 중요한 것은 하나님의 아들이신 예수님께서도 하나님을 향해 기도하셨다는 것입니다. 예수님은 나사로의 죽음 앞에서도 기도하셨고, 오병이어를 가지고도 축복기도를 하셨고, 겟세마네 동산에서도 땀이 피가 되도록 기도하셨습니다. 하나님의 아들로서, 아니 하나님이신 분이 기도하셨던 것만으로도 왜 기도가 필요한가에 대한 질문은 의미없는 질문이라는 판단을 할 수 밖에 없습니다. 그러므로 우리가 하나님의 자녀라면 영원한 모범이신 예수님처럼 늘 기도에 힘쓸 수밖에 없는 것입니다.

하나님의 자녀들이 어떻게 기도해야 할지 직접 주기도를 가르쳐 주면서 말씀해 주신 예수님은 기도자들의 기도를 들으시는 하나님이 바로 '아빠 아버지'이신 것을 강조하십니다. 그러므로 기도를 들으시는 하나님은 기도하는 나의 아버지가 되시고, 기도하는 나는 그의 자녀가 된다는 것입니다. 사도 바울은 이 사실을 로마서에서 이 놀라운 사실을 이렇게 기록하고 있습니다.

"무릇 하나님의 영으로 인도함을 받는 사람은 곧 하나님의 아들이라 너희는 다시 무서워하는 종의 영을 받지 아니하고 양자의 영을 받았으므로 우리가 아빠 아버지라고 부르짖느니라"로마서 8장 14-15절

나를 낳아주고 길러주신 사랑하는 부모님 복잡한 주문을 외우거나, 허세를 부리거나, 가식적으로 무엇을 요구하는 자녀가 있을까요?

지금도 생생하게 기억나는 일이 한 가지 있습니다.

20여 년 전 출판사로부터 『대표기도 이렇게 준비하라』는 책을 집필해 달라는 의뢰를 받았을 때 원고 집필을 부담스러워하고 주저주저 하니까 편집을 담당하는 분이 아주 의미 있는 말을 했습니다. "목사님, 아들이 부모님에게 말하듯이 쓰면 되지 않을까요?" 하는 말이었습니다. 속으로 '그렇게 잘 알면 본인이 직접 쓰지 왜 나에게 맡기냐?'고 말하고 싶었는데 이상하게 그 분의 말이 마음에 남았습니다. 그래서 하고 싶은 말을 꿀꺽 삼키고 '그래 부모님께 이야기하듯이 한

번 써보지 뭐'라고 결심하고 기도문을 쓰기 시작했고, 정말 만 두 달 반만에 몇 백 편의 기도를 아주 쉽게 쓰면서 은혜의 특수를 경험한 적이 있습니다.

기도할 때마다 늘 마음이 따뜻해지고 평안이 밀려오는 것은 하나님이 우리의 기도를 들으시는 아버지이시고, 나는 하나님의 자녀라는 진리 때문입니다. 하나님만큼 기도하는 나를 잘 아는 분이 없다는 것이 늘 감사합니다. 그러므로 문제는 아빠 아버지 되시는 하나님과 나 자신이 친한가의 문제입니다.

몇 해 전에 어느 교회 청년부 여름수련회 강사로 섬긴 적이 있습니다. 낮 특강을 마치고 그 교회 청년회장과 이야기를 나누면서 형제로부터 아주 인상 깊은 자기 소개를 받았습니다.

"저는 하나님과 친한 사람 김하람입니다."

참 인상이 깊었습니다. 기도자로서 우리가 반복적으로 스스로에게 던져야 할 질문은 '나는 아버지 하나님과 과연 친한 사람인가?' 하는 질문입니다. 예수님은 우리가 기도하는 하나님을 이렇게 소개하십니다.

"그러므로 그들을 본받지 말라 구하기 전에 너희에게 있어야 할 것을 하나님 너희 아버지께서 아시느니라"마태복음 6장 8절

기도는 하나님과 친밀해질 수 있는 통로입니다. 그러므로 기도할 때 쭈뼛거릴 이유가 없습니다. 물론 자녀는 달라는 입장이고 아버지는 공급하는 입장이지만, 아버지의 기쁨은 자식에게 베푸는 데 있습

니다. 그러므로 하나님 아버지의 기쁨을 더 하려면 더 많이 더 깊이
아버지 하나님께 기도하는 것이 필요합니다.

예수 믿는 사람은 기도의 깊이를 가지고 있는 사람이다

미국 제너럴 모터스사 최고의 엔지니어로 알려진 찰스 케터링
Charles Franklin Kettering이라는 미국에서 발명왕 에디슨 이후 발명왕
으로 일컬어지는 사람이 있습니다. 20세기 초의 인물인데 자동차 시
동 장치를 개발하고 자동차 헤드라이트와 같은 중요한 부품을 발명
해서 오늘날의 자동차를 있게 만든 주인공라고 존경을 받는 인물입
니다. 이 분이 자신의 업적을 축하하는 어느 모임에서 사회자로부터
이런 질문을 받았다고 한다.

"케터링 씨, 당신은 우리와 똑같이 두 손을 가지고 있습니다. 그런
데 당신의 두 손은 신화적인 손입니다. 당신이 가진 두 손으로 한 일
중에서 가장 중요한 일은 무엇이었습니까?"

그 자리에 있는 모든 사람들이 "자동차를 탄생시킨 것!"이라는 말
을 예상했습니다. 그런데 이렇게 대답했다.

"이 손으로 한 일 중 가장 중요한 일은 두 손을 잡고 기도한 일이었
습니다. 예수 믿는 사람은 말이 많은 사람이 아니라 기도의 깊이를 가
지고 있는 사람입니다."

깊이 묵상해 보면 나 같은 별 볼일 없는 존재를 알아주시고 감히

그 앞에 설 수 있게 하셔서 하나님을 아빠 아버지라고 부를 수 있게 하신 사실 자체가 감격입니다. 세상 사람들은 나를 잘 몰라주고 나에 대해서 편견을 가지고 때로는 소외시키기도 할지 모르지만 "너는 내 아들이라 오늘 내가 너를 낳았다. 그러니까 너는 내게 부르짖으라 내 가 네게 응답하겠고 네가 알지 못하는 크고 비밀한 일을 네게 보일 것이라" 예레미야 33장 3절는 놀라운 하나님의 음성이 들리지 않습니까?

이 감격을 가지고 사람들의 귀를 쟁쟁하게 울리는 많은 말을 하기 보다는 우리의 아버지 하나님의 귀와 마음을 울리는 기도를 더 많이 하는 시간들로 늘 채워지기를 바라는 마음을 전해 드립니다.